高等学校

探究学習を学校全体で
支えるために

探究が進む学校のつくり方

酒井淳平
梨子田喬
［編著］

JN041903

明治図書

はじめに

約1年前に『探究的な学びデザイン』を出版させていただきました。一人の教員としてのマインドセット、探究学習で押さえたいポイント、探究の実践モデルなど、いわば探究についての教育論ともいえる本でしたが、おかげさまで先生方中心に多くの方に読んでいただき、読者の方とお話をさせていただく機会も数多くありました。様々な取り組みや苦悩を聞く中で、探究が高校現場で進んでいくためには、「探究的な学びはどのように実現するのか」という教育論だけでなく、「学校という組織はどのように探究を受け入れていくのか」という組織論の重要性を感じる場面も増えてきました。本書はこうした思いから生まれました。

何らかの取り組みが組織でうまく進んでいく時、そこには必ず多くの方の活躍があり、それぞれが自分の役割を果たしています。本書では探究が進む学校・チームの条件を7つに絞りました。教員のマインドセット、校内での組織や仕組みづくり、現場リーダーのマインドやスキル、管理職のリーダーシップ、ネットワークなどその内容は多岐にわたっています。これは多くの人の力が合わさることでよりよいチームとなり、いろいろなことがいい循環をするということを示しているのでしょう。各章にはその章の内容に関連するコラムを執筆していただきました。コラムをあわせて読むことで、各章の内容がより深まればと思います。また、終章には6つの事例もあります。おかれた環境はもちろん学校種も異なる事例ですが、その根底にある共通したものに気づいていただければ幸いです。

チャンスはピンチの顔をしてやってきます。コロナ禍での新しい学習指導要領の実施、教員の働き方改革、そして教員不足や、より一層進む少子化など、学校を取り巻く状況は明るくないように思う時があります。しかしコロナ禍はＩＣＴを一気に広げてくれました。今はピンチに見えますが、新しい学びが広がり、これからを担う子どもたちが成長するチャンスの時なのかもしれません。ピンチをチャンスにできるかどうかは、マイテーマを教育と定めて生徒たちと接する私たちが、よりよい教育を探究できるかどうかにかかっている、そんなようにも感じます。多くの方に執筆していただいて完成した本書ですが、それぞれの著者の探究の一端が伝われば、そして読者の皆さんと一緒によりよい教育を探究できればと思いますし、本書がそのきっかけになれば幸いです。

２０２３年12月

酒井　淳平

CONTENTS

第2章 「学習する組織」に学ぶ探究が進む学校

第3章　校内で仕事をスムーズに進めるマインド&スキル

第4章 学校文化を耕す

第5章 教員の主体性を引き出す管理職の在り方

第6章 思いで繋がるネットワークをもつ

第7章 何のために探究をするのかという哲学をもつ

終章 探究が進む全国各地の学校づくり事例

序章

探究が進む学校・チーム　7つの条件

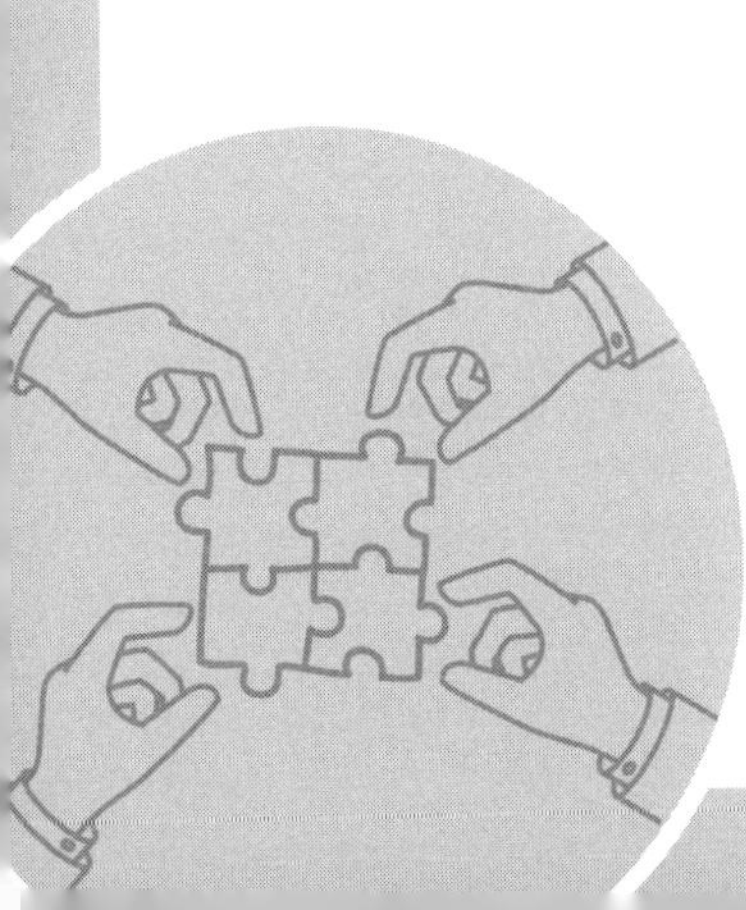

条件 1

生徒に伴走するという教員のマインドセット

指導型マインドから支援型のマインドへ

生徒の探究活動が深まらない。ワークシートを集めると皆判で押したように同じようなものになっていたり、ありきたりな内容ばかりで、お世辞にも「よく考えたね」とは言えない。こんな状況は往々にしてあることでしょう。探究的な学びでは、普段の教科学習とは異なり、生徒たちが取り組む内容が様々で、正解というものがあるわけではありません。しかし、教員はとかく画一的指導をしてしまいがちで、その結果生徒の取り組み態度も受け身な姿勢になりがちです。**生徒の主体性を引き出していくためには、管理・指導とは違ったマインドでアプローチ**していかなくてはいけません。

　第１章では、探究活動の設計や生徒への伴走にあたって、どのようなマインドをもって行えばよいかについて、岩手県の公立高校で20年勤めたのち現在は奈良県の私立西大和学園高校で教鞭を振るう梨子田喬先生が執筆されています。梨子田先生は、岩手県の公立高校で総合型選抜や学校推薦型入試などの志望理由や探究活動の指導で成果を上げてきました。特に大船渡高校においては、２０１７年から「総合的な学習の時間」の改革を進められ、それまで地域のことを知る活動であった「大船渡学」という活動を、地域のことを学ぶのではなく資質・能力を磨く探究的な活動に変えました。地域を学ぶのではなく、地域をフィールドに問いをつくったり、問題解決について対話をしていく中で、生徒の学ぶ姿勢を育てていきました。この時の生徒たちが、マイプロジェクトアワードをはじめとした様々なコンテストで活躍し、その後の進路実現も多様なものとなりました。探究活動を設計する中で、生徒の学びに対する姿勢をいかに形成していくかという点で参考になることが多いと思います。第７章ではその当時の生徒たちが登場し、高校時代の探究活動がどう自分のその後に役に立ったか意見を述べています。そちらもあわせてお読みください。

条件 2

校内の仕組みや組織づくり

仕組みがあると取り組みが進めやすくなる

多くの学校で部長・主任クラスの先生が集まる会議（運営委員会などの名称の学校が多いでしょうか）が時間割の中に設定されていると思います。本校もそうです。参加する立場として、「次の時間も会議か…」という思いをもってしまうこともあるのですが、実は時間割の中に設定されているという仕組みがあるおかげで、定期的に教員が集まれ、意思決定ができるということも忘れてはいけません。年度途中で立ち上がった委員会など不定期の集まりは会議日程を決めることが難しいという経験をされた方も多いと思います。

会議を時間割の中に入れて取り組みを進めるというのは仕組みの一例にすぎませんが、

学校として、日々の取り組みをルーティン化できるような仕組みをもっているということは、取り組み水準を上げる上で重要なことなのです。

仕組みに思いが加わることで進む探究学習

仕組みに担当者の思いが加わると、取り組みが進み、学校を変える原動力にもなります。これは探究学習でも同じです。

２章では仙台第三高等学校で校長をされていた佐々木克敬先生が仙台三高での取り組みを執筆されています。授業づくりセンターという組織を中心に、教員が小さなチームで取り組みを進める仕組みが紹介されていますが、その背景には、生徒と教職員がともに進化する「学習する学校」「学習する組織」という佐々木先生の学校経営方針があります。

組織全体が学びのプロセスに取り組み、持続的に学び続ける仕組みに注目して読んでいただければと思います。おそらく素晴らしい仕組みと同時に、その仕組みに魂を入れているのが、管理職を中心とした先生方の思いであることに気づかれると思います。

条件 3

校内で仕事をスムーズに進めるマインドやスキルをもつ

現場で重要なのは思いを形にする力

思いをもつことだけでなく、思いを形にする力も重要です。特に探究的な学びは**多くの人と一緒に進めることが多いので、思いを形にする力が求められます**。例えば「みんなで協力して進めたい」という思いは誰しもがもちます。しかしその思いだけが先行し、「すべてのことを全員が合意しないといけない」という方法で進めるとどうなるでしょうか。会議の回数ばかりが増え、時間はかかるけど取り組みは進まず、メンバーが疲弊して、次第に心が離れていくことが予想できます。こうなると「みんなで協力して進める」という思いは実際の形にはなりません。

校内で仕事を進める上で大事なマインドやスキルがある

校内で仕事を進める上で重要なマインドとスキルは確実に存在します。言い換えればこの最低限のことを理解することで、思いが形になっていくのです。３章では校内でリーダーとして仕事を進める際に大切な３つのマインドと５つのスキルについて書いています。ここに書いたことは学校に限らず、人が集まる組織で何かをする上で共通することです。おそらく読者の皆さんがこれまで一緒に仕事をされてきた方で尊敬できる方を思い浮かべると、こうしたことを自然と実践されてきた方なのではないでしょうか。**自分ができていることの確認と同時に、これからの課題を明らかにする**というつもりで３章を読んでいただければと思います。

これからの学校で考えていくべき重要なテーマの１つによりよい会議の在り方があると思い、会議についても記載しています。こうしたスキルやマインドもすべてはリーダーの在り方次第です。３章の最後で、このことについても書きました。この章はぜひとも読者の皆さんにブラッシュアップしていただきたいところです。

条件 4

校内の文化を耕す

学校の文化を理解しながら耕していく

各学校にはその学校特有の文化があります。文化は校風と言えるかもしれませんが、その学校に関わるすべての人で自然と形づくられているもので暗黙知のようになっている場合も少なくありません。学校文化は明文化されているとは限らないからこそ、その学校の文化を理解し、その学校に合った形を考えていくことが重要です。学校でも企業でも「前の学校（会社）では…」を連呼する方がいると聞きます。しかしこの言葉の裏には、今いる学校（企業）文化への理解が不十分である姿勢が見えることも事実です。文化を理解しない改革は成功しません。文化は批判や評論ではなく理解するという姿勢が重要なのです。

未来の文化は今の取り組みからつくられる

文化は少しずつ変化します。探究的な学びを進めることは、学校文化を変えるきっかけになります。４章では学校がもつ文化やどのようにして文化が変わっていくのかについて書かれています。安心・安全な場をつくり、外と繋がっていくことで文化は少しずつよりよいものに変わっていきます。

文化は少しずつしか変わりませんが、それが続けば伝統となります。老舗と呼ばれる店は、変わらない部分と変化する部分を併せもつから名店であり続けるのですが、それは少しずつ文化を変えながら、それでも残るその店らしさがあるということです。学校も同じです。**今の取り組みが少しずつ学校の文化を変え、その変化が新たな文化となり、学校の伝統となる**のです。それを「学校改革」と呼ぶ人がいるかもしれません。

学習指導要領は教室での事例が形になってつくられていきます。目の前の先生方や生徒たちとともに学校の文化も変えていくこと、それはもしかしたら日本全体に波及するかもしれないのです。

条件 5

管理職のリーダーシップ

管理職の力は大きい

学校で管理職の力は大きいです。5章の和田先生の事例では「先生方、オンライン学習やりましょう」という言葉から一気に学校全体が動きました。もちろん言葉だけでなく、「任せる　助ける　責任を取る」という和田先生の日常の在り方が現場の力になっていることも間違いありません。舟越先生も「教職員の自走性」を高めることを意識されていますが、そのために校長自らいろいろな動きをされています。管理職とはいえ、都道府県単位でみれば1つの組織のトップでしかなく、様々な制約があり、思うようにできないことも多いと思います。**しかし、学校運営において管理職の力は大きく、現場の力になれるの**

も管理職です。管理職のリーダーシップがあってこそ、よりよい学校になります。おそらく管理職のリーダーシップが、現場でのミドルリーダーシップをよりよいものにし、それがよりよい教員集団、よりよい教育活動に繋がるのでしょう。５章でこのあたりを確認してもらえたらと思います。

学び続ける教員としての姿を示す

探究のような未来を見据えた取り組みでは、生徒の卒業後の未来を考えているかどうかだけでなく、自らが教員として学び続けているかどうかが問われます。様々な取り組みに挑戦し、先進的と言われる学校では必ず、学び続けている管理職と学び続けている現場の教員との握手が起こっています。管理職のリーダーシップという時に、環境を整えること、方向性を示すこと、現場の支えになることなど、大切なことはいくつもありますが、教員として自らが学び続けている姿を示すことが最も重要なことかもしれません。その後ろ姿を見て、現場から次世代の管理職が育つのでしょう。

条件 6

思いで繋がるネットワークをもつ

いろいろなネットワークをもつことが重要

探究的な学びのように学校内にとどまらない取り組みを進める際にネットワークがあることは重要です。講演会の企画1つを考えても、講師の選定にあたってネットワークがあれば、依頼しやすくなります。

ネットワークには組織同士での公のものもあれば、個人的なものもあります。どちらもよい面と限界があり、両方とも大切です。組織同士でつくる公のネットワークに関わる人が中身を入れることも、個人的に繋がった方に公の場で協力してもらうことも重要です。6章ではネットワークについて詳しく書いています。

これからの教育で重要なネットワークの力

思いで繋がるネットワークがあると、生徒たちは学校外と繋がることができ、ネットワークの力で大きく育ちます。オンラインでも出会える今、ネットワークの力はますます大きくなっています。一人、1つの学校でできることは限られています。今後は**どのようなネットワークをもっているかが、その学校の教育力に大きく影響する**ようになることは間違いありません。だからこそ文科省もＷＷＬというネットワークを構築する事業を進めているのだと思います。

もちろんネットワークをつくることは目的ではなく、よりよい教育を求めた結果ともいえるものです。ただネットワークがあり、学校と学校外が自然と繋がることは、その中にいる教員にとっても外の世界と繋がるチャンスが増えることになります。多様なネットワークは生徒だけでなく教員の人生も豊かにしてくれるでしょう。

本書との出会いもネットワーク構築のきっかけになることを思いながら6章を読んでください。

条件 7

何のために探究をするのかという哲学をもつ

探究学習を通じて様々な力が育つ

「何のために探究をするのか」。この哲学をもつことが取り組みを進める原動力となります。取り組みを進める個人としての思いと、学校としてのねらいの共通部分を常に意識していることで、取り組みは進んでいきます。

思考力を育てる、自分の興味関心に気づく、卒業後にこそ生きる学び方を学ぶなど、探究を通じて育つ力は多数あります。高校では何を重視して探究学習に取り組むのかは学校によって異なります。しかし探究学習を通じて身に付けさせたい力は学校の教育目標に他なりません。なぜ探究に取り組むのかを常に確認することが大切なのです。

生徒の卒業したその先までを考える

７章では岩手県立大船渡高等学校や立命館宇治中学校・高等学校で探究学習に取り組んだ三人の大学生へのインタビューが掲載されています。探究学習を通じてどんな力が付いたのか、それは大学入学後にどう繋がり、自分の人生にどんな影響を与えているのかという問いに大学生が答えています。インタビューでは三人が共通して「大学進学後にこそ探究学習での学びが生きた」と答えています。探究学習を通じて自分の志のようなものに気づいたこと、学習の過程で壁にぶつかったことも三人に共通しています。

生徒の声に耳を傾けることで、「何のために探究をするのか」という問いへの新たな気づきや発見があるでしょう。それは取り組みの進化に繋がります。

人は自分の生きている世界の外は見えにくく、高校にいると生徒たちが大学進学後どうなるのかについてのイメージは意外とできません。インタビューからは探究が高校と大学を接続することも読み取れます。「何のために探究をするのか」という問いをもって７章を読んでください。

第1章

探究活動における教員のマインドセット

西大和学園中学校・高等学校
梨子田　喬

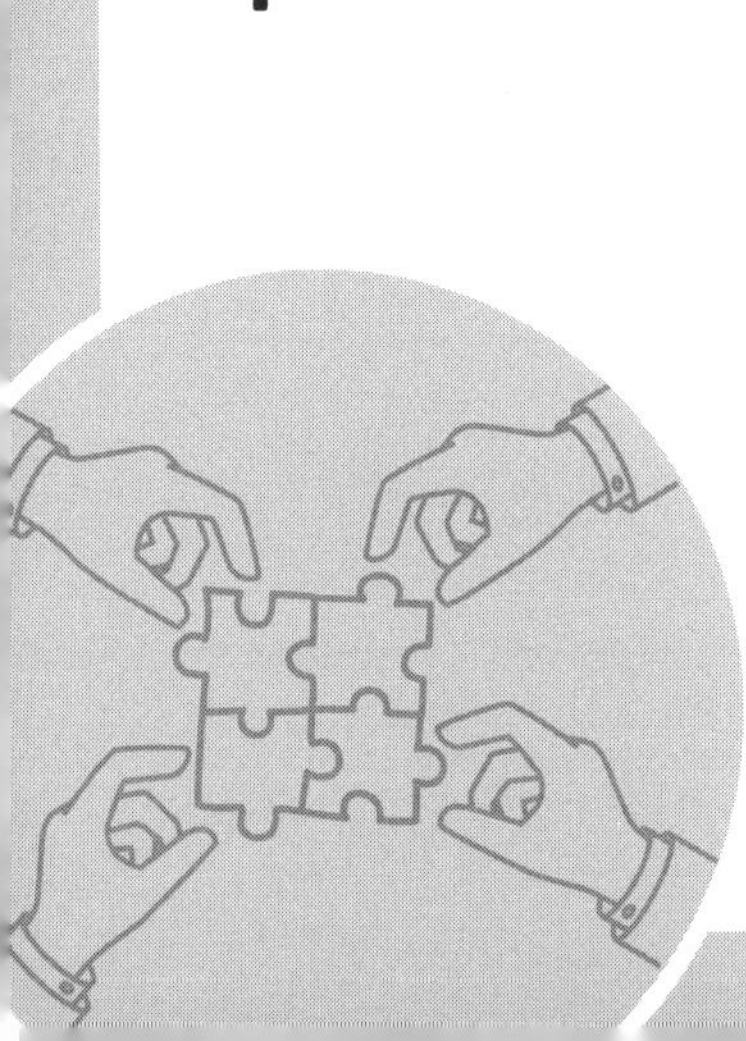

1

生真面目さを取り払い、「まずやってみる」精神をもつ

教員のマインドセットを見直す

サン＝テグジュペリの『星の王子さま』の話の中に、「実業家」という人物が出てきます。「実業家」は仕事に対してとにかく真面目で、数字にしか興味がなく、いつも星の数を数えています。数えた星を管理するためにいくつ貯まったかその数を書いた紙を引出に鍵をかけてしまっています。しかし、こうして実業家が独り占めしたたくさんの星は、何かの役に立っているわけでもなく、集めることが自己目的化されてしまっています。

大人たちをチクっと風刺したこの寓話ですが、教員にも耳が痛い話ではないでしょうか。生徒の提出物の点検ばかりして、提出率や成績など数字を管理しているうちに、気が付い

たら課題の回収と成績付けが自己目的化していた、なんてことは教員ならドキッとするふしがあるはずです。

教員のマインドセットには、星の王子さまの「実業家」のような生真面目さがあります。全員が同じようなことを同じように取り組んで同じような到達度に至らないといけないとか、先生が全員の学びを管理しアドバイスを通して答えのようなものを生徒に落としていかなくてはいけないとか、生徒にはきちんと成果を出させ成果が出ない生徒には先生が指導を加えなくてはいけないとか、最後に公平公正客観的に全員を評価すべきだとか、挙げればきりがありません。

探究活動ではこうした教員のマインドセットをいったん真っさらにしてみることをお勧めします。そもそも、全員が同じ内容を学ぶわけではありません。計画を立てなさい、とは言っても計画通りになんかいくわけがありません。到達度の違いについても当然人それぞれです。ワークシートを使って学びを管理しようとしても、実は型にはめて窮屈な思いをさせているだけになっていることがあります。

締め切りを守らせることは大切かもしれませんが、期限があるがゆえに小さくまとめてやっつけてしまう、そんな生徒をたくさんみてきました。普段の教科学習とは学びの質が違うのに、ついつい私たち教員は生徒たち全員を一律に管理・集約的に探究活動に向かわせようとしてしまいます。

ちゃんとやるマインドが探究活動を劣化させることがある

以前、貼られた白紙のポスターを前に苦笑いしながら「間に合わなかったんで」と言って20分も熱弁を振るっている生徒がいました。カラフルなポスターの前でよく準備された原稿を読んでいる生徒の発表より、はるかに探究の質が高かったです。また、「結局うまくできませんでした」という発表をした生徒もいました。しかし、その試行錯誤の過程は論理的で筋が通っており、内容にも人を唸らせるものがありました。成果がなくても十分探究の深さを感じることができました。

先生も生徒も、「ちゃんとやる」というマインドがノイズになって探究活動の取り組みを劣化させてしまうことが往々にしてあります。生徒に多様な成果を求めているにもかかわらず、どこか1つの方向に収束するような働きかけをしていたり、生徒の探究の形を整えるためにマニュアル的なフォーマットを徹底させていながら、「うちの生徒の探究には深さがない」と嘆いていたりします。

生徒たちの考え方を自由にし、深く鋭く多様な方向に取り組みを広げるために、「計画よりもまずやってみよう」とか、「途中まででもじっくり考えることのほうが大事だよ」とか「探究は一生続けるんだからこの発表だって長い人生から見れば単なる中間発表だよ」とか、そんな学びの本質を考えさせるような声掛けをしていくのがよいでしょう。

「どうせ無理だから」と空振りを恐れ、無難に表面的にまとめてしまうことが一番の失敗なのです。

POINT

・「星の王子さま」の実業家になっていないか。教員はついつい生徒たち全員を一律に管理・集約的に探究活動に向かわせがち。
・探究活動では、教員マインドに固執せず、本質的な学びをしっかり捉えて生徒に働きかける。

2

生徒に力を付けるために生徒を主にする

生徒と先生の関係を変える

探究という営みには正解がありません。最適解を模索しながら仮説・検証・考察のプロセスをぐるぐると回していくものです。しかし、子どもたちからすると正解のようなものが示されないので、どうも学んだ気がしません。何をどこまでやればよいのか、を求めます。そんな生徒たちに関わっている先生方も、正解のようなものを生徒に教えるわけではないので、教えた気にならない探究活動にあまり乗り気ではありません。何をどこまでやらせたらいいのかを考えてしまいます。こうしたモヤモヤを抱えた先生と生徒双方にとって、成果物づくりは「これをやればいい（やらせればいい）」というわかりやすい妥結点になります。たまに、成果物づくりの時間ばかりの年間計画を見ます。しっかり探究的な力を身に付けさせる仕掛けをしているのであればよいのですが、実際はあまり力の付かない調べ学習や、パソコンやポスターの前で作業をしているだけになっているようなことが多く、何かの力を養っているようには思えません。

探究活動を行う目的は、一言で言えば「力を付けること」です。講演会で話を聞くだけや、先生から言われた指示を作業するだけでは力は付きません。**自分で考え自分で実践し自分でどうだったか振り返る、そういう中で力は身に付いていくもの**です。ゆえに生徒が主体的に、自由に発想し、自分の裁量で進めていく環境が必要です。そのために、すべてが教員の指導に集約され管理されるような図上のような構造ではなく、学びの主導権・裁量権を生徒に返し、生徒が主体となって、生徒と生徒がお互いブラッシュアップをしながら探究の質を高め合っていく図下のような構造が望ましい在り方です。探究の時間にお互いの探究に意見を言い合う

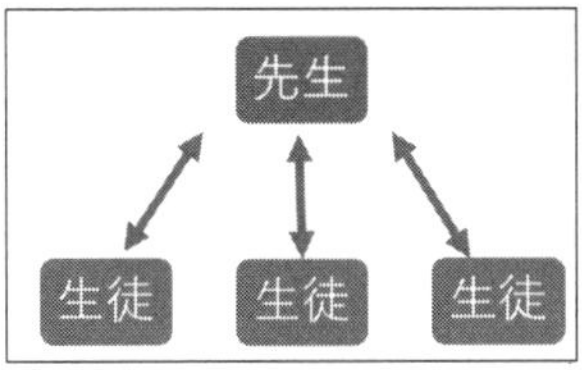

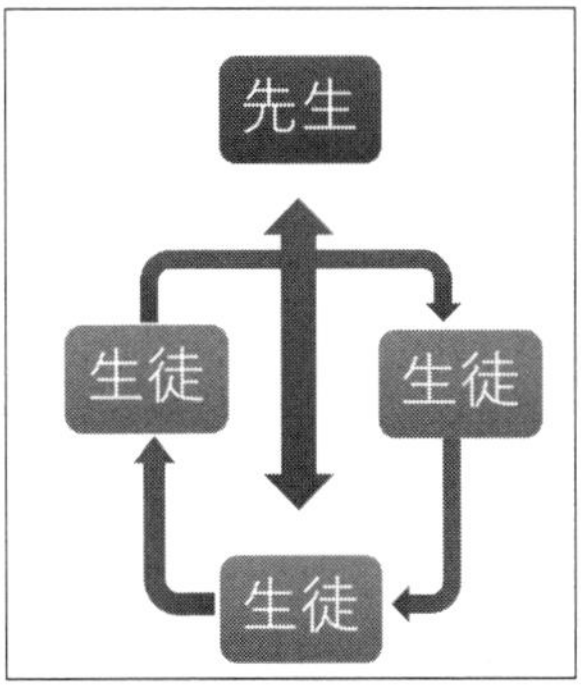

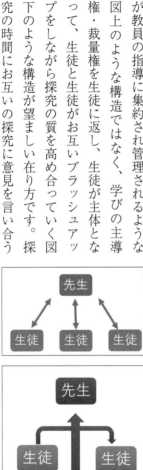

ワークをしたり、ブラッシュアップ班を編成し、グループの中でお互いの探究をブラッシュアップさせ合ったりなどすると、先生と生徒の縦の関係から生徒と生徒の横の関係へと変わっていきます。

教員に集約される構造は、教員の指導を前提としています。先生は指導したい、生徒も指導を欲しているという状況がよくありますが、必ずしも教員の指導が探究の質を高めるわけではないことには留意した方がよいでしょう。指導によって予定調和の型にはめ、凡庸な探究を量産していたり、生徒は思考しているようで実は教員の求める正解を探しているだけになっていたり、指導を期待し生徒は教師に依存し主体性を失っていたり、と必ずしも指導が効果的になっているとは限りません。かつて振り返りシートでこんなことを書いてきた生徒がいました。

・「先生方へ　生徒＜先生ではなく、せめて生徒≦先生にならないでしょうか」
・「教育について探究活動をしている時だけ、僕にも教育を語らせてください」
・「高校生の意見を先生はちゃんと受け入れてくれるの？」

「教える―教わる」といった関係の中では、生徒は教員の指導を一方的に丸呑みするという形になりがちで、これでは力は養われません。本当に主体的な探究活動が行われている場合、先生方の指導が「学びの天井」をつくってしまうことになります。

「教える―教わる」関係のもと行う指導というスタンスを弱め、**対等なフラットな関係のもと「指導ではなく支援」「助言ではなく対話」というスタンスで臨むべき**でしょう。生徒の探究の支援者として、高校生の問題意識に興味をもったり、否定や粗探しをせず対話的にブラッシュアップしていったり、評価を下そうとするのではなく主体性を高めるための形成的フィードバックを与えようとしたり、基本的にはこうした関わり方が探究活動における望ましい教員の在り方でしょう。

とは言いつつも、生徒から意見を求められると私もついつい「あーそれはね…」と上から教えたくなってしまいます（ぐっと我慢しています）。しかし、こうした指導したがりの先生たちを跳ね除けて、いい探究活動をつくっていく生徒もいます。そういう生徒たちに共通するのは、探究の問いが良質である、ということです。例えば、フィールドワークで行った現場の中から生まれた問いは、現場を見たのは生徒なので先生は頭ごなしに意見が言いにくく、生徒の内発的動機から生まれた問いは生徒のこだわりが強いので、自然な形で対話が成り立ちやすいからでしょう。そういう意味で、「探究活動の一番の大事なところは問いの設定にある」というのも頷けます。

良質な問いをつくるためのコツを簡単ですがまとめておきます。ブレストをして考えを広げたり、イメージマップで関連付けたりしながら作成させること、一度でつくろうとせず何度も再設定の場面をつくること、対比、抽象―具体などの論理操作をして問いをつくらせること、フィールドワークをしながら生まれた問いを大切にすること、生徒の原体験に基づく内発的な要素を大切にすること、などでしょうか。

探究活動でターゲットにしている力を養う機会を学校生活の様々な場面に散りばめる

力を付けるために探究活動を行っていても、一朝一夕に成果が上がるものではありません。目に見えない非認知スキルを養おうとしているのだから、たった週1回の探究の時間だけで、力が付くわけがないのは当然のことです。週1回の探究の時間だけでなく、授業や行事や部活動などで学校の教育活動全体の中に探究の時間でねらいとする力を養う活動を取り入れ、カリキュラムマネジメントを通して執拗に追いかけていきます。例えば、

「自分の意見をはっきりと言う力」を探究活動で目指しているのであれば、探究活動でそういう場面をたくさんつくるのは当然として、普段の授業でも自分の意見を言わせる場面をつくり、部活動でも自分の考えをまとめて発表させ、学校行事でも運営主体を生徒に返し意見を言わせながら進めていく、といった具合に、探究の目標と同じ力を養う場面を学校生活の様々な場面に散りばめていくのです。探究活動でやったやり方で、生徒が各教科で同じことをしていくうちに、生徒たちは「こういうふうにやればいいのか」という手ごたえを感じ始めます。力が付いているという実感を生徒がもち始めると探究に前向きに取り組む生徒たちが増え、学校の教育活動の様々な場面で力を発揮し、これが学校文化の形成に繋がっていきます。

POINT

・探究活動の目的は生徒に力を付けるため。そのために生徒を主にし、「教えるー教わる」構造ではなく生徒同士の横の関係をつくっていく。
・探究の授業だけでなく、普段の授業や部活、行事で同様の力が付く場面を設定し、学校の教育活動全体でその力を養っていく。やがてそれが学校文化になる。

3

地域を学ぶのではなく地域はフィールド

地域で行う探究活動が各地の高校で行われています。しかし、地域を題材にした調べ学習になっていたり、地域の大人から地域のことを教わる活動になっていたり、高校生が地域のイベントに駆り出されていたり、力を付けるための探究活動とは言えないような状況が多く見られます。「地域が教える―子どもが教わる」という関係を前提としてしまうと、「社会の常識を学ぶ」「礼儀作法を身に付ける」「大人の話を聞き、価値観や問題解決の方法を教わる」といったスタンスに立ちがちになり、あまりよい取り組みになりません。「地域の既存の政策を後押しするだけになってしまい悔しい」そんな感想を残した生徒もいました（ただ、この感想は生徒が主体的に取り組んでいる証拠なので素敵ですね）。

先ほども述べた通り、生徒に力を付けるための探究活動ですから活動の主体を生徒に返し、生徒自身が探究のハンドルを握っていくようにしなくてはいけません。「社会の常識を学ぶというより社会の常識を疑う」「礼儀より対話の作法を実践する」「大人に話をし、新しい価値や問題解決の方法を提案・実践する」という方向が目指されていくべきです。

私はかつて大船渡高校という岩手県の県立高校に勤務しており、そこでは総合学習の時間に「地域を知る活動」として大船渡学という活動が行われていました。自分が担当学年になった時、「地域を知ること」が活動目標になってよいのだろうかと疑問をもち、地域を学ぶのではなく、生徒の学びたいことを生徒が主体となって探究する活動にリノベーションしました。こうすることで地域は学ぶ対象ではなく、学びのフィールドということになります。それまでは、大船渡市の特産品や観光地を題材にした取り組みばかりでしたが、リノベーション後は「バイオミミクリー」「素粒子」「仮想通貨」などあまり地域課題探究で出てこなかった生徒自身のこだわりが出て、多様なテーマのもと生徒が地域に出ていくようになりました。「地域のことを考えると自分のやりたいことができないけど、自分のやりたいことから地域を考えれば意味のある大船渡学になると思う」という生徒の感想がこの変化をわかりやすく表現しています。

この似て非なるリノベーションは少し説明が難しいので、「大船渡を学ばない大船渡学」というまるで禅問答のようなキャッチコピーで校内浸透を図りました。「大船渡を学ばない」という言葉には、地域が主ではなくあくまで生徒の学びたいことが主であるということが、また地域についてのコンテンツ学習ではなく生徒の力の育成を主としたコンピテンシーベースの活動ということを表しています。「大船渡学」という言葉をそのまま残したのは、高校生たちが豊かに学ぶためのフィールドとして地域は不可欠であり今まで通り地域に出ていくことを大切にするという意味を込めています。似て非なる建てつけの違いを校内浸透させるのは大変でしたが、ちょうど学習指導要領の「資質・能力ベースの教育への転換」という文脈の中で受け入れられていったように思います。

POINT

・「社会の常識を学ぶ」「礼儀作法を身に付ける」「大人に教わる」ではなく「社会の常識を疑う」「礼儀より対話の作法を実践する」「大人に話をし、新しい価値や問題解決の方法を提案・実践する」へ地域課題探究をモデルチェンジさせていく。
・地域が主ではなくあくまで生徒の学びたいことを主にする。また、地元というコンテンツ学習ではなく生徒の力の育成を主とした資質・能力ベースの取り組みに変える。

4

イヤイヤの生徒たちを前にして

かつて「総合的な探究の時間」の担当者たちと話をしていた時「毎週○曜日が来るのが嫌だ」という話で盛り上がったことがありました。こちらが一生懸命探究の時間を運営していても、目の前の生徒の取り組みはあまりよくありません。生徒に振り返りを書かせるとイヤイヤばかりが目立ち、挙げ句の果てに「探究活動はいらない」という探究活動が出現してきます。こんな経験は、結構あちこちで聞きますし、私自身もあります。そんな時は、地域や社会に出るのをやめ教室での座学にしようか、文章を書くだけのワークシートを配って1時間黙々と書き込むだけの時間にしようか、などと弱気になってしまいます。

私たちはすべての生徒が夢中になって生き生きと探究に取り組まないとダメなんじゃないかとついつい思ってしまいます（ここにも教員ならではの生真面目さが出ていますね）。

しかし、大切なことは「生徒に力を付けているか」です。「やりたいことが見つからない」という生徒が多いからといって、「こちらからテーマを与えよう」では問題は解決しません。「何をやったらいいかわからない」という生徒が多いからといって、「何をやればいいかをマニュアル的に示してあげよう」も何か違います。「普通に授業したい。社会と関わる必要はあるのか」と言っている生徒にこそ、探究活動のような社会とリンクする学びが必要なのではないでしょうか。

ご存知の方も多いかと思いますが、日本財団による18歳意識調査（2019）によれば「自分の国に解決したい社会課題がある」に「はい」と答えた18歳の割合は日本は46・4％しかおらず、アメリカの79・4％、中国の73・4％と他の外国と比べて格段に低い状況です。さらに「自分で国や社会を変えられると思う」という質問に「はい」と答えた生徒はわずか18・3％しかおらず、これも外国と比べてさらに厳しい数字が出ています。そういう状況で「社会の課題を解決しよう」という探究活動に、アレルギー反応が出るのは当然のことでしょう。

こういう状況を踏まえ高校3年間をオセロにたとえてみます。スタートラインでは半分以上が黒い石です。とかく私たちは高校3年間の探究活動ですべてを白い石にしなくてはいけない、と考えてしまいがちですが、そうではなく、**勝利条件は白い石のほうを少しでも多くすること**です。普段の授業、探究活動、特別活動などをカリマネを通して関連付けながら「最近はあの生徒が変わってきた」「こういう手を打ったら少し白い石が増えるかな」くらいに考えていくと探究指導、学級経営、学年経営が面白くなっていきます。「結局黒い石のまま卒業していったなあ」と思っていた生徒も、卒業生になって久しぶりに再会してみると探究を力説するように変わっていることがあります。すべての生徒を探究によって変容させて送り出すことは難しいですが、すべての生徒に将来変容する可能性をつくって送り出すことはできます。探究とはそのための種蒔きくらいの気持ちで取り組めばよいのではないでしょうか。

POINT

・生徒のイヤイヤは当然存在するもの。社会課題に対する意識が弱いのは日本全体の課題。探究活動やカリマネなどの打ち手をしながらオセロのようにじっくり変えていく。
・すべての生徒を探究によって変容させて送り出すことは難しいが、すべての生徒に将来変容する可能性をつくって送り出すことはできる。

COLUMN 1

学校はいかにしてチームとなるか
コレクティブ・インパクトの視点

岩手県高校魅力化プロデューサー　菅野祐太

学校でのチームづくりについて、教員ではない立場で学校で働いておられる、カタリバの菅野祐太さんに寄稿していただきました。

学校はなぜチームになれないのか

私は某人材系企業に新卒で入社した後、東日本大震災を機に岩手県大槌町で教育の復興に携わってきた。仮設住宅での生活では安心して学習ができない子どもを対象とした放課後の居場所づくりや、町教育委員会での仕事を経験し、現在は岩手県立大槌高校の職員室で仕事をしている。民間企業・NPOと経験した私にとっては、(特に当初は)学校という空間はこれまでの職場と異なる点が多く、驚いたことも少なくなかった。企業では、株主価値や売上・利益の最大化、そのための戦略等、何を何に向かってすべきか関係者で合意が取りやすく、連携が取りやすい。一方、学校は教員間でも進路・生徒指導などそれぞれに力点があり、目標を1つに絞ることが難しく、そのために衝突することもままある。

チームで成果を出すための補助線

そうした学校の職員室等、一見するとそれぞれの目指すところが異なる組織や個人がどうしたら協働し成果を上げることができるか、スタンフォード・ソーシャルイノベーションレビュー（2011）で紹介されたコレクティブ・インパクト（集合的な成果を生み出すための）理論をもとに学校現場で活用できるよう補助線を引いてみたい。

コレクティブ・インパクトを生むために重要なことの1つ目は「共通のビジョン」をもつことである。学校において何が課題なのか、どのような生徒の育成を目指すのか、そのためにどんなカリキュラム・授業・生徒の学び方を実現するのかの共通の絵をもつことから始まる。各高等学校がつくるスクールポリシーはこの共有に効果を発揮するはずだ。

2つ目は、「相互補完」的であるかということである。自分の弱みを認識しながら他の教員の強みを借りることができているかということだ。これは、他者にとっても課題への貢献意欲を生み、強いパートナーシップとなる。

３つ目は「評価の共有」である。学校評価等定量的なものを活用し、取り組んでいることにどのような成果が上がっているかを確認することも重要であるが、職員室の中では、個別の生徒にどのような変化があったのか、それがどのような取り組みが起点となった可能性があったのか、たとえ因果関係がはっきりしなくとも物語を共有することが重要である。「○○さん、最近変わってきたね」という言葉から始まる成果の振り返りはチームの前進を感じるきっかけとなる。

最後は、「関係の質」である。前著にあたる『探究的な学びデザイン』でも触れているが、関係の質を上げ継続的なコミュニケーションを取ることが重要だ。ビジョンをつくったから終わりではなく、思考の質・行動の質・結果の質を変えるための起点となる関係の質の向上が、指摘した3点の基盤となるものとして特に重要と言うことができる。

今回は、私自身が高等学校において重要としてきた視点を紹介させていただいた。なぜこれを大事にしたかというと東日本大震災で甚大な被害を受けた町において復興を目指すには、関係者で協働することが何より重要だったからである。確かにコレクティブ・インパクトは一朝一夕では効果は出ない漢方薬のような取り組みではあるが、今回紹介した理論等を活用し、日本中に対話的で協働的な職員室が増えることを期待したい。

第2章

「学習する組織」に学ぶ探究が進む学校

東北工業大学
佐々木克敬

1

校内で探究学習を進める組織づくり

生徒と教職員がともに進化する「学習する学校」「学習する組織」

学校経営の方針として、私は前ＭＩＴ教授ピーター・センゲ氏が提言している「学習する学校」「学習する組織」の考えを取り入れました。「学習する学校」とは、組織全体が学びのプロセスに取り組み、持続的に学び続けることで、個人と組織の成長を促進することができる考えです。学校はそもそも、生徒、教職員、保護者、地域住民など、多様なステークホルダーが関わる複雑な組織です。さらには探究学習や課題研究を推進するにあたり、研究者や企業人、自治体職員など多くの人々が関わる機会が増えてきました。このような複雑な組織を取りまとめ、個人と組織の成長を促していくために、次のような５つの要素の重要性がピーター・センゲ氏により提唱されています。

①システム思考（Systems thinking）…組織を全体として捉え、全体のシステムや構造、影響関係を理解することが重要である。
②個人のマスタリー（Personal mastery）…個々のメンバーが自己成長を追求することができる環境が重要である。
③メンタルモデル（Mental models）…メンバーがもつ前提や価値観、信念を共有し、議論を通じて新しい視点を得ることが重要である。
④共同ビジョン（Shared vision）…組織全体が共有するビジョンを設定し、その実現に向けて取り組むことが重要である。
⑤チーム学習（Team learning）…チーム全体が学び合い、相互に影響しながら共同で成長していくことが重要である。

この５つの考え方に当てはめ、これまでの取り組みを紹介します。

システム思考

探究学習や課題研究の成果が学校の変容、生徒の変容に大きく寄与していることは他の章でも触れられています。今回の学習指導要領で「探究」はもっとも大きなキーワードです。これまで勤務した学校でも探究学習や課題研究に取り組んだ生徒の成長は、既存の知識やスキルを習得するための学習プロセスだけでは得られない大きなものでした。社会が急速に変化する中で、教育におけるダイナミズムの重要性は、生徒が必要とするスキルが変化していくことからきています。教育自体が進化して変化し続けることで、生徒は現代社会で成功するために必要な知識やスキルを習得できるようになると考えられます。勤務校では「課題研究」を軸としたカリキュラムマネジメントをどのように進めることができるか、スーパーサイエンスハイスクール（以後ＳＳＨ）の特徴である教育課程特例制度を使うことで探究学習を深化できるか試行錯誤が始まりました。

ＳＳＨは理系人材の育成を目的とした研究指定校制度です。多くの学校の実践例を目にする機会も多いことでしょう。最近は理系人材育成にとどまることなく、「学校全体でどのように課題研究を進めるのか」が研究主題として求められています。単に先進的な研究を大学から紹介していただくことや、自然科学の研究手法を生徒に身に付けさせて、専門の学会で発表する人材を育成することだけが目標になるわけではなくなってきています。そこで、**学校では理系、文系問わず、いろいろな生徒が「探究」を経験する仕掛けづくりが必要**となっています。「課題研究」という決められた時間にとらわれることなく、教科の中で、課外活動や部活動の中で、多くの「探究」を経験させるためにはどのようにしたらよいのか、学校活動全体を洗い直しする作業が必要となってきました。

学校では改めて探究学習を教育計画に組み込むことが必要です。管理職としては**学校のビジョンや目標を明確にし、新たな計画について学校を取り巻くステークホルダーに周知徹底すること**が求められています。特に生徒や教員に対し、探究学習を推進するための意識を醸成するための仕組みを考える必要があります。教員に対しては探究学習を実践するための指導や支援を行うことが重要です。さらには校内で研修やワークショップを開催し、授業公開やフィードバックを通じて、探究学習の実践を促進することも大切です。勤務校では先進的な取り組みを行っている学校への視察や、いわゆるスーパーティーチャーを招いての講演とその講師によるモデル授業などを幾度となく行いました。必ずしも学校にマッチするものではなくても「本校ではどの部分を取り入れることができるのか、授業ではどの部分を真似できるのか」の視点を各教員がもつことで「自分の学校ではできない、自分の授業ではできない」といった後ろ向きの思考を止めるように働きかけました。

教育資源としてソフト面では学校外のリソースやコミュニティとの協力が挙げられます。大学や企業、地域などとの連携を進め、探究学習に必要なリソースや支援を得るように努めることが必要です。特にこれまで学校との関係があまりなかった、企業やNPO、自治体職員、郷土史研究家などと関係を深めることで、より幅広い社会課題へのアプローチが可能となりました。

ハード面では充実した設備や機器、新たな教材なども欠かせません。学校予算の配分や助成金・補助金の申請などを通じて、必要な資源を調達することも行わなければなりません。県からの限られた予算だけにとどまらず、国や県の研究指定に伴う予算、さらには民間の助成金や競争的研究資金への応募などを通し、学校がフリーハンドで使える予算の確保を行うことは活動の幅を広げることに繋がりました。

さらに探究学習が効果的に実施されているかどうかを評価するためのフィードバックメカニズムを確立する必要があります。これには、生徒や教員の達成評価、探究学習の成果の評価などが含まれます。現職の身分を保障しながら教員を大学院の学生として長期研修へ派遣し、教育評価方法を身に付けさせ、探究的な学習をどのように評価したらよいのかを研究してもらいました。

これらを行うためには管理職の独りよがりでは、絵に描いた餅にすぎません。多くの教員や生徒の特性を掴むこと、チーム全体としての目標の共有と個々の成長を支援するための時間を創ること、さらには教育委員会を含めたステークホルダーとの協力が必要です。このような役割を担うことができるのは、学校教育全体をコーディネートすることができる校長など管理職の役割だと考えます。学校のもっている教育資源を洗い出し、関連付けていくこと、さらには外部との関係づくりをトップセールスとして担うことで、学校教育がシステムとして動き出す方向性が示されると考えます。

POINT

- 教育計画の中に「探究」を経験させる仕掛けを入れる。
- 教員自身が実践するための指導や支援が必要である。
- 管理職はトップセールスを通し、学外のステークホルダーを学校と結びつける。

個人的なマスタリーの向上

マスタリーとは「熟達」「精通」に近い概念です。もともと高校の教員は専門性が高く、それに伴った知識やスキルの高い集団です。個人的なマスタリーを高めるとは、教育に関する知識やスキルをより深く理解し、自己の教育力を高めていくことを意味します。教員一人ひとりがどのような興味をもっているのか、何を身に付けたいのか、そのためにどのような研修を受けたいのかなどを面談で聴き取り、それを実現させる支援をすることは大変重要です。不足している力を指摘し、それをカバーするための助言も必要ですが、教員の特性を理解して自己成長を追求する意欲を高める支援の方が効果は高いと考えられます。

個人のマスタリーを高めることで、より積極的に教育手法の研究や学術的な探究活動に参加し始めます。一人ひとりの研究・研修によって教育実践の質が向上し、学校全体で、さらに新たな教育のアイデアが共有される循環が起こり始めます。自分自身が学び続けることで新たな知識やスキルを取得し、教材に対する深い理解や研究が進み、学習指導や授業展開において、より高度な教育技術を導入し始め授業の質の向上へと繋がります。

しかし一方では、自分で何をやりたいのか漠然としている教員がいることも事実です。教員である以上、何もやりたくないという教員はほとんどいません。仲間が創意工夫しながら学習指導を行っている環境に置かれるほど、それがよい刺激となって向上心も湧いてきます。どのようなことに興味をもっているのか、どのようなことが強みなのかを丁寧に聴き取ることで、学校の取り組みや課題のどこと結びつけるかが浮かんできます。私はなるべく課題を小さく分けて教員に示すことにしました。例えば「〇〇の教科の△△の分野でのＩＣＴ活用が面白そうなので研究してほしい」「〇〇の単元について反転授業の教材を開発してほしい」「発問をオープン・クエスチョンに変えるために、この分野で工夫してほしい」などと取り組みやすい範囲を相談しながら新たなチャレンジをお願いします。はじめのうちは「私一人でやるのですか」「成果を求められても自信がありません」との声が多くありました。実際には一人、二人で行った方が効率がよく、それぞれが工夫を加え責任をもって研究を進めてくれます。勿論、その過程で必要な校外での研修や視察なども支援しますし、安易に成功、失敗の色分けはせず経験値として自信を高めさせます。

よく、「学校一丸となって」とか「全職員体制で」との言葉を聞きますが、本当に実現されているでしょうか。確かに学校の方向性についての目線合わせは必要です。しかし、大きなプロジェクトになるほど役割分担が曖昧になり、一部の教職員だけが頑張り、多くの職員が可もなく不可もなく意見をもたずに従う、最悪の場面では「こんなことは無意味だ」と発言する職員が出てくることもあるのではないでしょうか。それよりも**多くの職員が自覚をもって多くの研究を進めていき、その集合体としての方向性を一致させる方が集団知としての力が大きい**と考えます。個々の力を伸長し、互いに尊重することで多種多様な課題に対して学校としてもいろいろな対応が可能になると考えます。

個人のマスタリーを高めることで得られる大きなメリットが他にもあります。それは生徒の学習モデルとなることです。教員が探究活動を通じて自己成長し、積極的な学びの姿勢を示すことで、生徒にも学びの意欲を促すことができます。教員が自分自身で問いを探究し知識を深めることで、生徒たちの問いに対しても深い理解をもつことができます。教員が生徒たちの問いに対して共感し、より深い考察を促すことで、「探究学習による深い学び」について自信をもってサポートすることができます。

POINT

- 教員のマスタリーを高める支援を最大限行う。
- 教員の探究活動が生徒の探究活動指導のモデルとなり自信となる。

メンタルモデルの開発・修正

メンタルモデルとは、個人がもつ世界観や自分自身に関する認識や理解の枠組みです。経験や学習を通じて、自分や周りの世界に対しある種の仮説や思い込みをもち、それがその後の判断や行動に影響を与えることは心理学や行動学からも明らかになっています。メンタルモデルは、個人の経験、信念、価値観、文化的背景などに基づいて形成され、新たな情報や経験を受け入れる際のフィルターとして機能します。

学習する学校の考えでは、メンタルモデルを開発・修正することが重要視されています。学習者が自身のメンタルモデルに気づき、それを柔軟に変化させることで、新たな知識や洞察を取り入れることができるとされています。学習する学校では、個人のメンタルモデルが学校全体のメンタルモデルと調和するような環境が育まれ、複雑な問題に対処し、個人としての成長や組織の変革を促進することができるとされています。

勤務校の教員の多くは2回目、3回目の転勤経験者でした。いわゆる中堅教員の一歩手前、あるいはミドルリーダーとして期待できる年齢の教員が半数を占めます。前任校での経験は時には財産にもなり、時には足かせにもなります。つまり、自身の成功体験を環境の異なる学校において同じように実施しようとしても簡単にはうまくいきません。また失敗体験は自身の能力に起因するものであったのか、それとも個人をとりまく環境によるものであったのか、はっきりしないことが多くあります。特に「総合的な探究の時間」は学校ごとに目指すテーマも指導方法も異なることから、単に経験を移植する仕立てではうまくいきません。

既存の教員研修を受講した教員から「○○高校ではできるけど、本校では難しい」「講義の内容が現場と直結していない」などの声をよく耳にします。さらには、各学校を取り巻く社会環境や部活動をはじめとする課外活動への、学校や個人の姿勢や考えの影響も無視できません。これらは自身のメンタルモデルが修正されていないままで起こる実例です。

従って、**メンタルモデルを自らが意識的に分析し、必要に応じて修正することが重要です**。このプロセスは、個人がより深い学びを促進し、より高度な問題を解決するための能力を開発するのに役立ちます。まずは、学校全体のビジョンや方向性を明確に示すことが必要です。学校の目標や価値観を明確にすることで、共有する新たなメンタルモデルを形成しやすくなります。さらには、ＳＳＨや授業改善などの学校全体で取り組む事柄について、これまでの経緯や今後の具体的な行動目標、数値目標を年度当初に示すことで、特に転任者はこれまでの経験の何を生かすことができるのか、何を補っていけばよいのかを早めに把握することができます。特にＳＳＨのような取り組みは当事者でないとわからない喜びや苦労も多く、単に感情が行動に結びつく心理的動機付けモデルでは説明できません。

管理職としては、転任者となるべく早期に面談を行うことで、これまでの経験や知識、価値観を把握することができます。その後に行う主任等との面談では、転任者の経験などをどのように生かすか相談することができるからです。もちろん、年度途中でもこれらのフィードバックを何度も繰り返すことで組織としても個人としても変革を促すことができます。過去の成功や失敗に大きく引きずられることなく、新たな環境での価値観や役割を早めに共有していくことが大切です。教員の中には自主的に研究会や学会に所属して論文発表や口頭発表している教員も少なくはありません。これらの自己研修をどのように学校に生かしていくのか、支援していくかも大切な視点です。もっと踏み込めば、高い専門性を伸ばすために校外での発表などを促すことも必要だと考えられます。リフレクションの機会の提供によるモデルの修正です。

そこで、教員の活動をなるべく校外で発表・評価してもらうことを促しました。教科指導に関わること以外にも、課題研究の進め方、ＥＳＤに関すること、ＩＣＴの活用についてなどです。また、学校主催で全国のＳＳＨ校などに呼び掛けたワークショップや、専門学会と協力した発表会も実施しました。このような場面では、他校で実践されている教員や研究者から、有益な助言を得ることが多くあります。これがきっかけで交流が始まることも多く見受けられ、学校の外に教育資源を設ける大きな手段でもあります。そして何よりも独りよがりになることなく、自己を客観視する姿勢が芽生えたと考えています。

さらには、これらの発表の延長として助成金や競争的研究資金への挑戦も増えました。これらの機会を生かし、自らの活動を評価してもらい、さらには次の研究活動資金にすることもできます。これらの資金で自らが学びたい研修費を捻出し、さらには生徒に多くの経験を積ませる事業を自ら企画実施する楽しさを実感します。これらの活動で実際に生徒も教員も成長する正の循環が生まれ、新たな教育展開に繋がっています。

POINT

・メンタルモデルの開発と修正を促すための面談が有効である。
・校外での研修や発表によるリフレクションの機会を設ける。
・助成金などを用い、教員自ら計画実施する主体的な研修を促す。

共同ビジョンとチーム学習

学校は個々の部門や関係者が独自の目標を追究するのではなく、全体の成長を重視する共同体です。教職員、生徒、保護者など、学校のすべての関係者が協力し合い、互いにサポートすることで、個人の成長と学校全体の発展を促進することができます。学習する学校では、教育プロセスや結果に対して常に改善を行うとされています。

多くの学校では校務分掌に基づき、教務や進路などの担当分掌と学年分掌の割り振りが行われていると思います。しかし、この旧来の枠組みでは収まりきらない教育課題が次々と出てきています。時間軸で見ても1年未満の短期間で解決しなければならないものから、学習指導要領と同じ10年スパンのものなど様々です。このような環境下で、最新の教育方法や資源を共有し、他の教職員や生徒、場合によっては保護者や外部有識者と協力して教育の質を向上させることが必要となっています。また、最近では地域や地域の学校とも知識や実践を共有・協働し、教育の質の向上と普及に努めることも求められています。

勤務校では10年以上前から「授業づくりセンター」（現在はＳＳＨ―授業づくりセンタ

ー：略称ＪＤ）を組織してきました。当初は宮城教育大学の協力を得ながら、発問を中心とした授業づくりが行われ、それがアクティブラーニングの取り組みへと発展していきました。現在ではＳＳＨ事業や授業改善に加え、現代的な教育課題を加えたいくつかのチームからなる組織となっています。校務分掌や学年にこだわらず、教員全員が自ら所属したいチームで研究・実践していく形をとっています。チームとして取り上げる課題はＪＤが中心となり毎年検討・決定されていくことから、フレキシブルな設定となっています。現在では教育評価や国際交流、地域連携、ＳＴＥＡＭなど近々の教育課題を含めた８つのチームであり、研究や研修を進めます。全体に関わる研修では学校の教育目標や生徒に身に付けさせたい能力をワークショップで決定し、それを生徒や保護者と共有しています。さらにはそれらの能力を教育評価の手法を用いて評価することにも挑戦しています。

多くの事柄に取り組むためには、情報の共有と研修が欠かせません。そこで**月に一度開く会議を約1時間と限定し、その中で旧来の職員会議で扱われてきた内容を必要最小限にとどめ、残りの時間を職員の研修に充てる**ことにしました。この研修についても、ＪＤが企画運営し、話題提供したい分掌、チーム、個人を募り調整します。この自主的な研修で話題提供が欠けたことは一度もなく、それぞれが進捗状況や協力してほしいことなどを発表し、情報共有する場となっています。この多くが探究的な学習に関連しており、探究型授業の構築や課題研究の進め方とその評価方法、コンピテンシーとも言える情報活用能力の育て方などが内容となっています。必然としてこれらが授業や課題研究に還元され、授業改善が全体で進んでいくことは言うまでもありません。

さらには地域との連携も盛んになっています。ＰＢＬ型の学習として学校林を活用した環境教育を地域の小学校・中学校に提供したり、近隣にある溜池の公園化計画を山形大学と協力しながら進めたり、学校が所在するかつての新興住宅地の在り方検討会にも参加しています。関連して社会科学や人文科学に深い興味をもつ生徒が加速度的に増え、理数系にとどまらない課題研究へと発展し、校外での発表活動も盛んになってきました。

このように学校の目指す方向性を教員全員がつくり、チームで課題に取り組み、生徒や保護者、そして地域と連携し、学校が自走していく姿が見えるようになってきました。

POINT

- 旧来の校務分掌にとどまらないフレキシブルな組織が有効である。
- 教員が企画運営する研修会の実施で共同性が生まれる。
- 地域や地域の学校を意識した探究活動が全生徒の課題研究に繋がる。

COLUMN 2

学校と学校外を繋ぐ
～ハブとしての教員～

岩手県立大船渡高等学校　鈴木紗季

校内での仕組みづくりを考えるにあたって、学校と学校外を繋ぐハブとしての教員の役割も重要な視点です。この点について大船渡高校の鈴木紗季先生に、大槌高校での経験をもとに書いていただきました。

学校を取り巻く環境

大槌高校へは2015年に赴任した。当時は震災後数年しか経っておらず、まちは見渡す限り盛土だった。道路の整備もままならず、商店も住宅もなく、落ち着いた学習環境が整っているのは「学校」だった。しかし特に3年生は、学習はもちろんのこと、志望理由書の作成、集団討論の練習、ボランティアなどの課外活動への参加など、希望進路達成のために揃えるべきものは山積みで、「学校」だけでは、そのニーズに応えることの苦しさもあったように感じる。

そのような中、東日本大震災のあった2011年からNPO法人「カタリバ」さんが「大槌臨学舎」を運営していた。大槌臨学舎の活動内容は、居場所運営・学習支援・体験プログラム・プロジェクト型学習・学校連携・地域連携など多岐にわたっており、まさにかゆいところに手が届く存在であった。しかし、当時の学校は、生徒たちが「学校外」でも学ぶということに慣れていなかったため、生徒が学校外で何をしているのか不透明な部分を不安に感じていた。学校と外部が生徒を中心にしてベクトル合わせをしたり、情報を共有したりしてよりよい方向に向かうという機会も少なかった。しかし、外部で活動している生徒を見ると、「自分のやりたいこと」を中心に生き生きとしていた。それを目の当たりにしたのは2017年の「大槌町高校生マイプロジェクトアワード」であった。大槌高校の前任の盛岡南高校で、外部で活動する生徒の成長が大きいと感じたことが、ここ大槌で確信に変わった瞬間でもあった。

「ハブ」としての仕掛け!?

学校内外での学びのよさが相乗効果になるように、次のようなことを意識していた。

・校内で、生徒の成長や自己変容をしっかりと言語化して、「生徒が自ら学んでいる実感」を共有し、学校の外でも学びがあるという手ごたえを一緒に実感していく場を設ける。

・「学びのコミュニティ」に集まった生徒の実践発表会やワークショップに、一緒に参加をする職員を増やしていく。

・生徒が「学校外での学び」を職員に生き生きと説明する機会をつくる。また、質疑応答を通して、職員もその学びに巻き込まれていく機会にする。

・学校内でも、生徒や職員がワークショップやディスカッションを開く機会をつくる。そこに、外部の方々に入ってもらい、知識や知見の共有を「生徒・学校・外部」でする。

こうしたことにより、協働することの楽しさや、学びを深める手法はもちろん、生徒が成長していく瞬間も共有できる。このようなことを繰り返すと、一人、また一人と外部と協働する職員も増え、協働と言えば大槌高校と言えるくらい外部連携できる学校に変容していく鍵になる。

教員は学ぶこと・教えること・考えること・教材を創ること等が好きな集団である。とりわけ、生徒の成長は教師冥利に尽きるといってもいい。生徒にこの点をくすぐられ、生徒の成長を目の当たりにしたら、教員こそ外部連携は病みつきになるに違いない。

第3章

校内で仕事をスムーズに進めるマインド&スキル

立命館宇治中学校・高等学校
酒井淳平

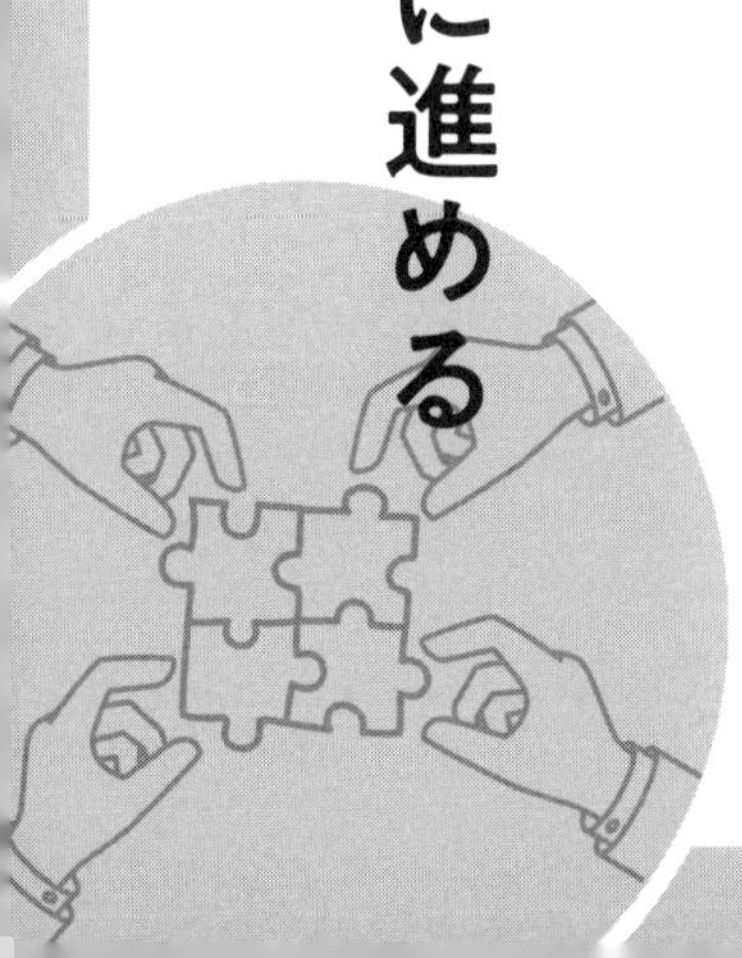

1

チームで仕事を進める上で大切なマインド

問題は起こるもの、問題はチャンスという受け止め

「早く行きたければ一人で行け、遠くへ行きたければみんなで行け」。アル・ゴア元米副大統領がノーベル平和賞授賞式典の演説で引用し、有名になったアフリカの諺です。この言葉は大きなことに取り組む際に、チームで取り組むことの重要性を示唆しています。

しかし、チームで取り組むといろんな人の思いがぶつかります。誰しも予定やいろんな事情があり、意思疎通は簡単なことではありません。こうしたことが問題として表面化します。チームで取り組むのは大切だけど簡単なことではない。このことを自覚することが重要です。

簡単なことではないからこそ大事なことは**「どうすれば問題を起こさないようにするか」ではなく「問題は起こって当然」という受け止めをすること**です。問題を０にすることは極めて難しいですが、問題を少なくするための準備は可能です。

チームで何かを進める際に、何らかの問題が発生することは、よりよいチームをつくるためのチャンスにもなります。例えば「教員が探究に対してネガティブな見方をして問題だ」という声を聞くことがあります。しかしそのような教員がいるからこそ、無理をしすぎない形で取り組みを進められるのではないでしょうか。チームで何かを進める時の問題はチャンスであるということを忘れてはいけません。

丸投げしない

「総合的な探究の時間を推進するにあたっていろんな組織と連携することが重要だ。しかし各学校で教員が連携先を探すのは難しい。だから学校と連携先を繋ぐような組織が必要である」と言われることがあります。その通りですが、組織があっても連携がうまくいかない場合が多いです。原因は関わる人の「連携する組織があるから大丈夫」という思いです。組織と組織で何かをすると必ず隙間仕事は発生します。各組織にはそれぞれの文化やルールがあり、組織の外からは理解が難しいです。組織をつくれば人もお金も必要です。つまり新たな組織をつくることは、基本的には非効率であることを理解することが重要です。

もちろん専門的にコーディネートする人や組織がいるおかげで、連携がスムーズに進むことも間違いありません。ポイントは思いの共有です。どんな組織があっても間に入るのは人で、人は思いがあるから動けます。大事なのは「関係の質」なのです。これは、分掌と学年など学校内でも言えることかもしれません。

業務の分担は大切です。しかし業務だけを任せると単なる丸投げになります。リーダーがすべきことは、業務の目的や思いを共有して期待を伝えることではないでしょうか。**組織間の人の関係の質や思いの共有こそが連携のコストを下げる**のです。

ここに書いたことを実現するのは簡単なことではありません。しかし、クラブの地域移行など学校に今まで以上に多くの人が関わろうとしている今だからこそ、連携の在り方は重要なテーマなのです。

決める勇気と間に入って柔軟に対応する覚悟をもつ

チームで何かを進める際にリーダーが決めることは重要です。「みんなで決める」は聞こえはいいですが、一歩間違えれば最も無責任な言葉になります。何人かでランチに行く際の店の決定も誰かが決めないと決まりません。リーダーには決める勇気が必要です。

そして何かを決める際には、自分たちで決定できる決定権の理解も必要です。自分で決めたことに責任をもって、間に入って柔軟に対応する覚悟をもち、**決めたことを「そうしてよかった」と思えるように動くこと**が大事なのです。リーダーのその姿が結果的によりよいチームをつくることも間違いないでしょう。

POINT

・チームで取り組むことは重要だが簡単なことではない。
・業務の目的や思いを共有する。
・リーダーの決める勇気とその後の行動がよいチームをつくる。

2

チームで仕事を進める上で大切なスキル

見通しや計画をもち共有する

山登りをする時に山頂を見ずに登り始めると、全体像が掴めず、一歩一歩登っていく意味も把握しきれなくなります。これは何事にも通じることです。先の見通しをもって物事を進め、見通しを共有することはチームで仕事を進める上で大切なスキルです。

年間計画を立てると空白となっている部分も可視化でき、そこをどうするのかをメンバーで考えることができます。学校は予定通りには進まないものですが、最初に年間予定があるとそれを修正していくことができます。**予定通り進まないからこそ、先の見通しをもち柔軟に突発的なことに対応することが大切**なのです。

チームで何かをすると人の時間を奪います。チームのメンバーのやりたいことや予定を大事にしたいからこそ、見通しや計画を立て、共有することが重要です。

メンバーの興味や強みを理解する

人には好き嫌いや得手不得手があります。チームで仕事を進める時、それぞれの興味や強みを理解し、メンバーの強みが発揮できるような業務分担をすることが重要です。ホランドは人のパーソナリティをＲＩＡＳＥＣの６つに分類しました。

ホランド理論を活用すると、例えば懇親会は対人関係を大切にするＳタイプ、ポスターづくりは芸術的なことが得意なＡタイプ、何かの分析は研究的なＩタイプ、何かをつくる時はモノや道具を扱うのが好きなＲタイプ、チームリーダーはリーダーシップをとるＥタイプの人が担当するなどの分担を考えることができます。

このように、それぞれのメンバーのよさが発揮され、みんなが誰かの役に立つことが重要です。これは人の役に立ちたいという思いが強く、真面目でいい人が多い教員集団にとっては特に大切なことかもしれません。

原案を示して改良してもらう

探究など新しい取り組みを進める際に、会議ばかりしてなかなか進まないチームを観察してみたことがあります。進まないチームと進むチームの差として、自分なりに出た結論は、先ほど書いたリーダーが決定するかどうかということと、「原案の提示があるかどうか」でした。

「みんなで決める」ということは確かに大切ですが、時間に限りがあるということも教員がもたなければいけない感覚です。限られた時間で取り組みを進める上で、**教材や授業の進め方などの原案を提示してから議論する**ことは大切なのです。特に探究など新規の取り組みをする際は原案なく会議をするといくら時間があっても足りません。

もちろん全員に到達してほしい最低ラインと理想的な状態は違います。最低ラインを高くしすぎず、それを越えて各教員がそれぞれの工夫を始めることが理想だということは忘れてはいけないことです。

管理職など上位者がＹＥＳと言いやすい状況をつくる

管理職など上位者も、特に新規の事業に「ＹＥＳ」と言うのが大変ということは意外と忘れられがちです。例えば探究の取り組みを学外に公開するために、研究会や授業公開をしたいと考えたとします。現場レベルでは「やりたい」という思いで提案します。しかし管理職は「予算はあるのだろうか」「この取り組みを嫌だと思う先生もいるのではないだろうか」「教員の勤務問題は発生しないだろうか」「イベント運営はできるのだろうか」など考えるべきことが多く、「ＹＥＳ」が言いにくいのです。その結果ＮＯと言わざるを得ないこともあるでしょう。しかし「〇〇の研究指定で研究会をした方がいい」「実施にあたっての不安が解消されている」などの状況があれば管理職もＹＥＳが言いやすくなります。このように上位者がＹＥＳを言いやすい状況をつくることは大切です。

POINT

・それぞれのよさが発揮される業務分担を意識する。
・管理職など上位者がＹＥＳを言いやすい状況をつくる。

3

実は大切な、会議をどう運営するかということ

チームで何かをする時に会議は避けて通れない

仕事を進める上で、実は会議の進め方が重要です。会議に対してはネガティブなイメージをもつ方も多いと思いますが、会議は貴重な場です。会議がなければ、みんなで集まって何かを決めるということが難しくなりますし、何かの連絡をすることも大変になります。良くも悪くもチームで仕事を進める上で会議は必要不可欠で、会議の運営はチームで仕事を進める上で重要なポイントです。

ミーティング・ファシリテーターとして活躍されている青木将幸さんは、「会議はその組織の文化を表す」と仰っています。会議を見直すことは組織の文化そのものを見直すこ

とに繋がるのです。

会議を効率的に進めるために必要なこと

会議を効率的に進めるために、「会議に使う時間を決めること」「議題の分類」の２つが必要です。会議の目的は大きく分けると、情報共有、アイデアを出す、意思決定の３つがあります。資料の配付で済むものは資料に任せ、日常的にメールなどでコミュニケーションを取るなどは情報共有の時間を減らす上で重要です。

会議にはアイデアを出す発散と決定する収束のフェーズがあります。発散の際には質より量が重要なので、発言が偏らない工夫と何を言ってもいいという場づくりが重要でしょう。収束の際には意思決定を伴います。この時大事なことは「自分たちで決めることは何か」の確認と、「どうやって決めるのか？」です。「話し合ってみんなで決める」は大切な考え方ですが、話し合っても意見が分かれた時にどう決めていいのかわからなくなります。全員が意見を出し、それをホワイトボードで見える化するなども大事でしょう。

会議の最後に確認すべきこととして「何が決まった」だけではなくて、「いつまでに誰が何をする？」もあります。ここはしっかりと確認しましょう。

会議についてはいろいろなノウハウがウェブや本で公表されています。会議はじめのチェックイン、ホワイトボードで議論を見える化など書き出せばきりがありません。こうしたノウハウを活用することでよりよい会議になるでしょう。

何のための会議かは問い続ける

「何のために会議をするのか」という問いは常にもち続けることが大事です。先日同僚がもち回りの部活動の大会で引継ぎ資料をもらってきました。引継ぎ資料を見た同僚は「会議を2回しないといけない」と言ったのですが、「大会運営の手順を考えた時に、2回会議をする意味は何？」と尋ねると、「1回目は大会の概要確認と各校の状況共有、そして生徒のエントリー確認。2回目は大会の対戦表確定と当日の確認」と理解していました。見通しをもてていたので、その後もスムーズに進行できていました。会議を開催する意味の理解こそが第一歩だと感じた瞬間でした。

参加者が会議の意味を理解することも重要です。「会議で決めたという形が大事」というメッセージが参加者に伝わってしまうと、自分の意見を通すための会議、意見を言って終わりという姿勢に繋がります。筆者が勤務する立命館宇治中・高でコア探究の取り組みを学年で進める時に、私が大切にしたのは学年会議でした。毎週行われる学年会議で、情報共有などの時間を圧縮し、原案を示しながらみんなで教材をブラッシュアップしました。道なき道を切り開けたのはメンバーの力であり、それを引き出せたポイントの１つにみんなが集まれる会議という場がありました。

いろいろ書いてきましたが、実は会議のポイントは会議を主催する人の思いや努力にあるのかもしれません。ここでもやり方ではなく在り方が大事なのでしょう。

【参考文献】
青木将幸『ミーティング・ファシリテーション入門』（ハンズオン！埼玉出版部、２０１２）

POINT

・よい会議の運営はチームで何かに取り組む際の大切なスキル。
・効率的に会議を進めるためのスキルを活用する。
・何のための会議なのかも確認し共有する。

4

みんなが活躍するために大切なこと

みんなの「やりたい」を形にする

本校でコア探究の取り組みを始めたころ、形がなく手探りの毎日でしたがそのおかげでいろんな先生の活躍の場がありました。遠足を地域課題発見型にする時に中心となった先生、チームづくりの教材をつくってくれた先生、ワークショップ型の授業について若手や経験の浅い先生にレクチャーしてくれた先生、飲み会の幹事も大事な役割でした。

たたき台として自分が作成したスライドやワークシートは担任の先生方が順番にブラッシュアップしてくれました。完成した教材は自分たちの手づくりという思いが強く、思いをもって授業ができたことは間違いありません。一定の教材が蓄積され、形のようなものができつつある現在、教材や取り組みの質は間違いなく向上してるけど、それが生徒や先生方の成長に繋がっているのだろうかと不安になる時があります。

本校の総合的な探究の時間では当初は高校生活の集大成として全生徒が論文に取り組んでいました。しかし今では、論文だけでなくプロジェクト・起業プラン・実験やものづくりから1つを選ぶ形にしています。きっかけは総括会議での議論ですが、「プロジェクト・起業プラン・実験やものづくりに取り組みたいという先生がいたから」というのも正直なところです。**これらを最終成果物に入れることで、その先生方のやりたいという思いは、やるべきことになり、形として残ります。**本校の生徒が学校外で受賞する機会が増えたのは、こうした「やりたかったことをコア探究でやるべきことにして取り組んだ」先生方の活躍があります。先生方のやりたいを形にできる工夫、それがリーダーに求められているのかもしれません。

生徒の成長の可視化

探究的な学びを進める中で生徒たちが何らかの受賞をすることがあります。それは結果であり目的ではないのですが、そのようなわかりやすい結果が探究的な学びの重要性を伝えてくれるのも事実です。生徒の成長を先生が実感できるような場をつくることも重要です。数年前に生徒たちが（学校の横にある）植物公園の魅力化案を大人の前でプレゼンするという取り組みをしました。それを見た学年主任の先生は「生徒たちは探究の学習を通して語りたいことをもったからこうやって発表できる」とすごく感動されていました。

生徒の成長を担任など生徒と関わっている先生が実感できるような場をつくることは、取り組みを進める大きな原動力になります。それは会議室で「生徒は成長した」「こんな成果があった」と発言する何百倍も効果があるのです。**どのようにして生徒の成長を可視化し関係者に共有するのかを考えるのがリーダーの腕の見せどころ**かもしれません。

信じるから一歩進める

自分の教員生活を振り返った時に、先輩や同僚に恵まれていたと感じることが多いです。担任として、クラブ顧問として、教科での取り組み、いろいろなことを支え応援してくださり、提案についても形にしてくださいました。何より先輩や同僚は自分を信じてくださっていたということを今強く感じます。何もなかった自分がこうやって教員を続けられているのは先輩や同僚が信じてくださったおかげです。

生徒を信じることは私たち教員にとって最も大切なことで、多くの先生方が実践されているでしょう。その信じる気持ちの半分でも同僚にもつことができれば、お互いに気持ちよく協力していろいろなことを進められるのではないだろうかと思う時があります。私たちは近くにいる人に対して、「こうするべき」や「こうあってほしい」を共有したいという思いが強くなってしまいます。しかし絶対的に正しいもの、確かなものなどありません。こうしたものを手放して、同僚を信じることが大切なのではないでしょうか。

POINT

・みんなの「やりたい」がどうすれば形になるかに頭を使う。
・生徒の成長をみんなが実感できる場をつくる。
・一歩進むのは同僚を信じることから。

COLUMN 3

専門職としての教師の資本への確かな投資

福井大学　木村　優

探究を校内で進めるにあたって、専門職としての教員の資本に投資しているという側面があります。専門職としての教師の資本について、木村優先生に寄稿していただきました。

カリキュラム協働デザインとしての探究

「総合的な探究の時間」を主とした「探究」の授業は学校全体や学年の教師チーム、とりわけ教科横断の教師チームで企画・運営されます。このことから、探究の授業は「カリキュラム協働デザイン」という特性を帯び、そこで学校全体や学年の教師協働と同僚性、そして学校内の組織学習の前進が期待されます。しかし、探究をチームで進めれば教師協働・同僚性・組織学習が自動的に進むわけではなく、その結果として生徒たちの高次の能力が自動的に伸長するわけでもありません。カリキュラム協働デザインとしての探究の特性を最大限に引き出すためには、専門職としての教師の資本の構造をよく知り、その資本に向けた確かな投資ストラテジーが必須になります。

専門職としての教師の資本

教師の専門性あるいは専門的力量は、教職の専門職化を目指す長い旅路の中で、教師がもつ授業の知識やスキル、教職そのものへの適正や心構え、マインドセット等の総体で定義されてきました。これらは社会学で「人的資本」と呼ばれ、それ自体で経済利益、すなわちお金を生み出し、問題解決にも役立つ人間の諸力です。しかし、ひたすら人的資本の個別の要素を鍛えるのでは、人的資本を効果的に増やすことはできません。人的資本は、チームワーク、コミュニティ、相互扶助、信頼、協働、ネットワーク、すなわち「社会関係資本」を豊かにすることで増幅できることが知られています。さらに専門職である教師にはもっと重要な資本があります。それは、生徒たちが織りなす複雑で極彩色あふれた学びと探究を支え促し活性化するための不確実な状況下での判断、その判断を支えるための少し立ち止まる思考様式である省察、豊かな実践経験と事例の保持、挑戦し自らの能力をストレッチする志向、これら「意思決定資本」です。専門職としての教師の資本は、人的資本・社会関係資本・意思決定資本の関数で成り立ち、この3つの資本を蓄積し、共有し、循環することで教師たちの効力が最大限に引き出され、生徒たちや地域とともに教師たちと学校組織がともに成長していくのです（アンディ・ハーグリーブス、マイケル・フラン『専門職としての教師の資本』2022）。

探究を推進することを通して、教師たちの協働学習システムを構築・再構築し、学校の組織学習を前進させた高校が日本全国に数多あります。これらの学校では、学校の組織デザインの根幹に専門職としての教師への敬意、自律の保障、そして省察を促進する哲学が通底しています（木村・藤井・三河内、2023）。探究のカリキュラム協働デザインという特性を活かして、教師たちの意思決定資本を核にすえながら専門職の学び合うコミュニティの文化を耕す社会関係資本への確かな投資を行い、教師個々人の人的資本の増進へと繋ぐストラテジーをみなで描きましょう。私たちが本物のプロになるために、そして、教育に関わるすべての営為と思い＝想いを生徒たちの育ち全体へと還元するために。

【参考文献】
アンディ・ハーグリーブス、マイケル・フラン『専門職としての教師の資本』（金子書房、2022）
木村優ほか「高校における探究型カリキュラムの実践による教師・学校の成長発展メカニズム」（『カリキュラム研究』32、2023）

第4章

学校文化を耕す

立命館宇治中学校・高等学校
酒井淳平

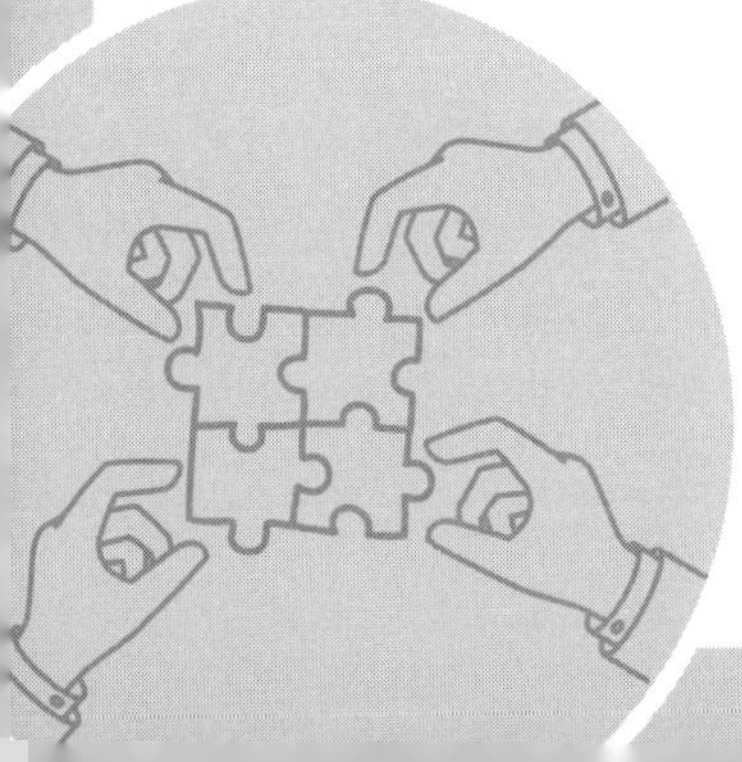

1

目に見えない学校文化の影響は大きい

学校文化とは

学校外の方に、「学校には独自の文化がある」と言われることがあります。時としてそれが連携の障害になるとも言われます。確かにその通りでしょう。また、教員にとっても、各学校には独自の文化があります。多くの先生が異動した際に「まずは新しい学校に慣れることが重要」と言いますが、それは異文化理解であり、異文化への適応に他なりません。探究を進める時に、その学校の文化を理解する必要があり、探究を進めることを通して学校文化が豊かになるような取り組みになれば、よりよい探究活動が継続します。

文化とは「（複数名により構成される）社会の中で共有される考え方や価値基準の体系

で、簡単にいうとある集団がもつ固有の様式」です。そして学校文化とは「教師と子ども」「学校の歴史と伝統」「地域の風土と人々」によって育まれる、学校独特の雰囲気や校風です。**この学校文化が新しい取り組みをする時に、時として追い風に、時として逆風になります。**

学校文化に支配される現実

例えば「地域のお祭りで希望する生徒がボランティアをする」という取り組みを考えます。普段から学校と地域の関わりが深く、教員も地域と繋がっている学校ならば、生徒が学校外で活動することが当たり前だという価値観や考え方が共有されていて、取り組みは自然と進むでしょう。一方、生徒は部活動や学習にこそ時間を使うべきという価値観や考え方が共有されていればどうでしょう。「お祭りに行って生徒に何かあればどうするんだ」「部活動もあるのに学校としてそんな活動を認めていいのか」「学習時間が減る」「教員が引率しなくていいのか」など反対の理由はいくらでも挙げられます。結果的にボランティアを募集することさえも難しくなるかもしれません。これに対して、「うちの学校はおかしい」と批判することは簡単です。しかしこれは取り組みの受け止め方ひとつに、その学校の文化が表れたにすぎないのです。ここで必要なことは異文化理解です。例えば海外に行くと箸にこだわることなく、その国の食べ方を理解して食事をします。これが異文化理解です。異文化は批判ではなく、理解することが大切なのです。

先ほどのお祭りの例では学校が募集しなくても、生徒が自分で情報を得て参加することはあり得ることですし、ボランティアをした生徒たちが成長する姿を見て、こうした活動の価値に気づく先生もいるでしょう。いつの日かボランティアを校内で募集できる日が来るかもしれません。このように文化は少しずつ変わっていくのです。

学校改革を、文化がどう変わったのかという視点で見る

教員の役割は毎年変わり、管理職は数年で交代します。教員も入れ替わります。しかし人が変わっても残るその学校らしさはあります。それはまさにその学校の文化です。探究に限らず、学校での様々な取り組みが担当者に依拠することは否定できず、「あの人がいたから」という言葉はよく聞かれる言葉です。しかしその人が残したものを取り組

みではなく、文化の視点で見ることも重要ではないでしょうか。

ある学校の例を紹介します。その学校は現場からのボトムアップで授業改善に取り組み、学校が大きく変わりました。その後授業改善の中心となって取り組んだ先生は異動され、校長も変わります。しかしボトムアップで学校をつくるという文化、授業を大切にする文化は残ったのです。結果的に校長が変わったことで、学校改革は加速し、取り組みは全国から注目を集めるようになりました。**授業改善に取り組む過程で学校に根付いた文化が次の改革の原動力になった**のです。

学校文化は徐々にしか変わりませんが、学校の変化が継続する時に、その学校の文化も変化しているということは大切なポイントです。5章の舟越先生の取り組みからもこうしたことがわかります。

POINT

・各学校にはその学校固有の文化がある。文化の理解が重要。
・学校文化は継承されると同時に変化する。

2

変化を起こすために大切な安心・安全な場

心理的安全性から始まる変化

前節で小さな取り組みひとつを考えてもその学校の文化が大きく影響することを書きました。しかし文化は少しずつ変化します。何かを進める際に、会議など全体の前で発言はしないけど、内心「自分の学校でも取り組みを進めたい」と考えている人も少なくないはずです。こうした先生が安心して発言できるかどうかの鍵は「心理的安全性」です。

石井遼介さんが書かれた『心理的安全性のつくりかた』によると、心理的安全なチームとは「メンバー同士が健全に意見を戦わせ、生産的でよい仕事をすることに力を注げるチーム・職場のこと」です。一方メンバーが「よかれと思ってチームのために行動しても、結果的に自分にとってマイナスのことが起こりそう」という不安をもっているのが、心理的「非」安全なチーム・職場です。「非」安全なチーム・職場では、いつの間にかメンバーは必要なことも行動しなくなります。非安全なチーム・職場は「実践し、行動から学ぶことができなくなる」「個々のメンバーの気づきや知識をチームの財産にできない」など、「チームの学習」という点でも問題があります。

例えば「総合的な探究の時間をよりよいものにしたい」と思っていたとします。しかしそう発言することで、「今のやり方に文句があるのか」と批判されたり、「それならあなたが全部やって」と仕事だけすべて丸投げされることが想定されればどうでしょうか。これこそが非安全なチーム・職場ですが、思っていることを発言しようとは思わなくなるのではないでしょうか。逆に発言することで、みんなで協力してよりよいものにしようという雰囲気になると思えばどうでしょうか。これが安全なチーム・職場で皆が思っていることを発言できるでしょう。この2つの例で、いい取り組みに繋がり、生徒が成長できるのは後者であることは言うまでもありません。このように心理的安全なチーム・職場であるかどうかということは教育の質にも大きく影響します。

挑戦が許される文化は心理的安全性の高さと仕事の基準の高さから生まれる

石井さんは心理的安全性は「ヌルい職場」と誤解されやすいとも指摘しています。「ヌルい職場」とはクオリティの低いアウトプットでも怒られず、締め切りなどに甘い職場です。「ヌルい職場」は、心理的安全性と関係なく、仕事の基準が低いことが原因で生まれます。こうしたチーム・職場から新たな挑戦はなかなか生まれません。

先ほど学校を変えるとは文化を変えるということについて書きました。**探究的な学びを進めるにあたって大事なことが「挑戦が許される文化」である**ことは言うまでもありません。挑戦が生まれる文化は、教員が新たなことに挑戦し、その結果学習して成長する職場でこそ醸成されるのです。

ここまで読まれた方はお気づきだと思いますが、教員が挑戦でき、学習して成長する職場に必要なのは、心理的安全性と、仕事の基準の高さなのです。

職員室にはいろいろな先生がいます。新しいことに挑戦することが好きな人、一つひとつきっちり進めたい人、エネルギーにあふれている人、緻密さではだれにも負けない人、書き出せばきりがありません。心理的安全性を考える時に、いろんなタイプの先生にとって心理的安全であることを考えることが大事です。おそらくその際のキーワードが「対話」であることは間違いないのですが、「みんなで」を言いすぎないこと（同調圧力を避ける）、無理しすぎない（無理という思いは不安に繋がりやすい）ことなど、いろいろな条件があるように思います。最も大事なのは、お互いへのリスペクトではないでしょうか。お互いへのリスペクトを前提とした対話によって、心理的安全な職場・チームができるように思います。また、そうした対話ができる職場は仕事の基準も高いでしょう。心理的安全性というキーワードを意識しつつ、お互いへのリスペクトを前提とした職場・チームができれば、変化は自然と起こるのではないでしょうか。

【参考文献】
石井遼介『心理的安全性のつくりかた』（日本能率協会マネジメントセンター、2020）

POINT

・心理的安全なチーム・職場でこそ変化は起こる。
・心理的安全性と仕事の基準の高さが挑戦に繋がる。
・お互いのリスペクトを前提とした対話ができると、変化は自然と起こる。

3

越境して外と繋がることで異質なものを受け入れる素地をつくる

異文化に触れることで自分たちの文化への理解が深まる

普段と違う世界に行くことで、普段自分たちがいる世界を客観的に見ることができます。これは多くの生徒が海外研修旅行に行くと「日本のことがよりよくわかった」と言うことからもわかります。いつもと違う世界を見ることで、普段自分たちがいる世界を客観的に見ることができるというのは学校も同じです。自分の学校のことは当たり前になりすぎていて、客観的に見られません。そしてずっとその中にいると新しい発想やアイデアも浮かばなくなってきてしまいます。そんな時に他校に行くと、自分の学校を客観的に見てよさや欠点に気づきます。その結果いろんなアイデアが浮かぶということも少なくありません。

学校の文化を変えるには、学校の中にいる教員が普段と違う世界に触れる機会をもち、外と繋がっていることが重要なのです。外と繋がることは、特に異動の少ない私学では、より意識しないといけないようにも思います。

もちろん普段と違う世界に触れる、外と繋がるという点では、研究会を開催するなど学校を外に開く場をもつことも大切です。この点については本書巻末の対談で恩田先生が堀川高校の時の経験も踏まえて、研究会のような形で外の方に学校を見てもらい、学校を外に開くことの大切さを語られています。

企業で重視されている越境学習

普段と違う世界に触れることや外と繋がることの重要性は学校の教員に限ったことではありません。ここ数年日本企業における人材育成において「越境学習」の重要性が言われています。「越境学習」とは、ビジネスパーソンが所属する組織の枠を越えて「越境」して学ぶことです。越境学習にはイノベーションや、自己の価値観や想いを再確認する内省の効果が期待されています。人は越境して外と繋がることで育つというのは企業でも言えることなのです。実際に経済産業省が実施している「未来の教室」でも、「日常の職場とは異なる環境に身を置いて活動することで、自分自身の軸を再発見し、不確実で変化の激しい時代を切り拓くリーダーとしての成長を実感することができた」ということが明らかになっています。

越境することで教員も生徒も成長する

教員が外の世界と繋がることで、学校にいろいろな人が関わるようになります。その結果、自然と異質なものを受け入れる素地ができます。これが学校文化の変容に繋がると言えるのかもしれません。

もちろん越境学習の対象は教員だけではありません。生徒にとっても越境学習は貴重な機会です。クラブで強豪校が遠征に出かけるのは、まさに越境学習です。探究学習においてもマイプロジェクトアワードなどで、自分のプロジェクトを他校の生徒に混ざって発表する場に参加した生徒は、「発表はもちろん、そこでの出会いが貴重なものだった」と言います。本校では国語科で、仙台第三高等学校との交流授業に取り組んでいますが、交流することで生徒の学習の質が高まっています。

越境学習を考える際に重要なのは思いで繋がるネットワークです。ネットワークについては第６章で詳しく述べますが、学校の文化を耕すことを考える際に、まずは自分たちの学校文化を客観的に見ることは重要です。そのためにも越境学習で外と繋がる機会をもつことが重要なのです。

POINT

・越境して外の世界を知ることで、自分がいる環境を客観的に見ることができる。
・越境学習は企業でも注目されている。
・教員だけでなく生徒も越境によって成長する。

4

文化を耕して、次の世代に豊かな果実を残す

現場から学校を変えた事例

先生の幸せ研究所代表、澤田真由美さんが出版された『自分たちで学校を変える！』にセントヨゼフ女子学園高等学校・中学校が学校改革プロジェクトに取り組んだ例がありますす。プロジェクト開始前に多くの先生にヒアリングした結果「仲が悪いわけではないが、価値観や困り感を共有できる人がいない」「世代間やこれまでの経験による『わかり合えなさ』がある」などの声があり、多かったのは「このままでいいとは思っていない」だったと紹介されています。これは多くの学校に共通している声ではないでしょうか。

セントヨゼフはその後「業務改善を通して、主体的・対話的・協働的な職員室を目指

す」という方向性で、キックオフイベント、そして推進チームの結成へと動きます。半年余りの活動でプロジェクトは終わるのですが、「今後も推進チームメンバーが中心となって業務改善も、主体的・対話的・協働的な職員室づくりも進めていく」と変化の歩みを止めないことを確認します。プロジェクト終了時のメンバーの言葉には「これまでのように冷たく線を引いて知らんぷりでなく、『私やるよ。一緒に考える』としたい」「職員同士でお互いにどう思っているかを知ることが、意思決定の質を高める」などがありました。学校の課題をみんなで対話していくことの重要性、自分たちが学校を変える主体であるという思いは間違いなく残ったようです。

　セントヨゼフの例は、学校で何かを推進する時に大事なことを示しています。学校には各学校固有の文化があり、文化には目に見えない部分も多いです。しかし、見えない部分を見ようとすることが大切なのです。同時に対話や、対話を可能にする安心・安全な場、そして教員が外と繋がることで学校が変わっていくのです。セントヨゼフの場合、先生の幸せ研究所の方が伴走されたことが大きな力になりました。また変わるのは学校だけではありません。学校を変える動きに関わった先生方も大きく成長します。

変化が定着すると伝統になる

探究を学校全体で進めるためのノウハウや事例はいっぱいあります。しかしそうしたノウハウや事例をその学校の文化に合う形で取り入れることが重要です。

この章のテーマは「学校文化を耕す」でした。土は耕されることで育ち、後に豊かな作物として目に見えるものになります。同じように学校文化も耕されることが大事なのです。

変化を起こすのは文化を耕すためですが、そのために学校のもつ文化を理解し、安心・安全な場をつくり、越境学習をする。こうしたことで学校文化は変化し耕され、経験から学習できる教員集団になっていきます。変化は定着すれば伝統になります。おそらく伝統校がもつ強みはここにあるのでしょう。変わらないものと変わるものがあるけれど、それらをあわせて見えるその学校らしさ、その伝統が根付いているから伝統校なのです。

変化を起こす時に最も難しいのは一歩目を踏み出すことです。三日坊主は悪い意味で使われることが多い言葉ですが、三日続けばすごいことで、実際には初日が一番難しいということは皆さん実感されていると思います。慣性の法則も、はじめが一番力が必要で、動き出せば後は自然と動き続けるということを教えてくれます。

歴史を振り返ると約25年前に堀川高校が探究を始めた時はまだ少数の取り組みでした。少数の限られた学校の取り組みだった探究が今では全国の学校で取り組まれようとしています。これは少しの変化を重ね、学校文化を耕し続けた結果、気が付けば大きく変化するということの証と言えることかもしれません。気が付けば探究はやって当然だという認識になり、学校と学校外の繋がりも当然という時代になってきています。次の時代は今からつくられます。この本の読者の皆さんと一緒に新たな文化をつくっていけたらと思いつつ、この章を終わります。

【参考文献】
澤田真由美『自分たちで学校を変える！　教師のわくわくを生み出すプロジェクト型業務改善のススメ』（教育開発研究所、２０２３）

POINT

- 変化を起こすことで教員は大きく成長する。
- 変化が定着すればその学校の伝統となる。
- 学校文化は耕すもの。次の時代はこれから創るもの。

COLUMN 4

年度はじめの「ビジョン共有ワークショップ」のススメ

東京学芸大学　藤村祐子

育てたい生徒像を共有することの重要性がよく言われます。一方でどのようなことをすればいいのかという疑問もよく聞きます。藤村先生に年度当初の目線合わせとしてのビジョン共有ワークショップについて紹介していただきました。

校内・教科内の教員間の「目線合わせ」の重要性

高等学校において、教科における「探究的な学び」の実現が求められている今、「探究的な学び」の実現が目的ではなく、教科の授業を通して、「どのような生徒を育てたいのか」「どのような生徒の姿を目指すのか」といったビジョンを、年度はじめに、教育目標を見据えて、校内・教科内で「目線合わせ」をしておくことが重要だと考えています。校内研修には消極的な高校現場の実情がありますが、組織やメンバーの課題や弱みに注目し、それを解決する問題解決的なアプローチ（ギャップ・アプローチ）ではなく、組織やメンバーの価値や強み、可能性などのポジティブな面に注目し、組織のパフォーマンスを高めるポジティブ・アプローチの手法を取り入れたワークショップ型の研修を紹介します。メンバーでの対話を通して、「ありたい姿」を共有化するというプロセスを取ることで、共通の目的意識や方向性を合わせることができ、メンバーの当事者意識を引き出し、新しいアイデアや戦略、解決策を生み出す手法です。

ポジティブ・アプローチによるワークショップ型教員研修

チェックイン：研修のルールを確認した後、アイスブレイクとして自己紹介ワークを取り入れる。ここで、「安心・安全な場」を全体でつくることを共有する。

ワークI「教科を学ぶのは何のためか」：「担当教科を学ぶ意義」をどのように生徒に伝えるのか、個人で考え、グループで共有する。

ワークII「教科の授業を通してどのような生徒を育てたいか」：学校の教育目標をもとに、「高校卒業時に、生徒にどのような姿になっていてほしいか」を個人で考え、共有する。メンバーとの対話を通して、「育てたい生徒の姿」を言語化する。

ワークⅢ「育てたい生徒の姿の実現に向けてどのような取り組みができるか」：図のように、模造紙の真ん中にワークⅡで共有した「育てたい生徒の姿」を記入し、①～④の順に、問いかけに対してメンバーで対話して取り組んでいくことで、自分にできること、具体的なアクションを導く。

チェックアウト：他教科や他のチームの発表を聞いた感想を共有し、各自が明日からできる具体的なアクションを宣言する。

　実際のワークショップでは、各チーム、目標と現実とのギャップを問題点としてではなく、肯定的に捉えることができ、前向きに対話が深められた様子でした。今後、どのような取り組みができるか、具体的なアクションを導くことができたという声を聞くことができました。この後、大切になるのは、各教員の実践を振り返り、ビジョンを見直す機会を定期的に設定していくことです。それぞれの実践や成果がビジョンに繋がっているのか、そもそもビジョンがこれでよかったのか、各チームで対話の場を設けることで、学校として、教員としての最適解・納得解を見いだしながら、アクションに繋げることができると思います。

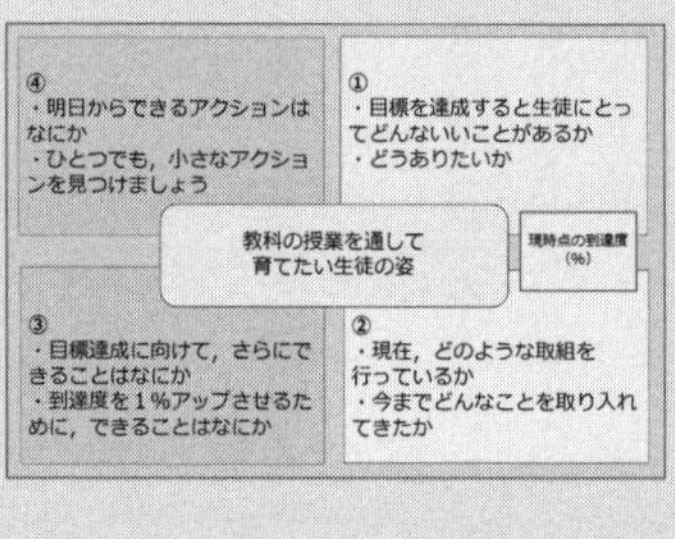
④
・明日からできるアクションはなにか
・ひとつでも，小さなアクションを見つけましょう
①
・目標を達成すると生徒にとってどんないいことがあるか
・どうありたいか
教科の授業を通して
育てたい生徒の姿
現時点の到達度
(%)
③
・目標達成に向けて，さらにできることはなにか
・到達度を１%アップさせるために，できることはなにか
②
・現在，どのような取組を行っているか
・今までどんなことを取り入れてきたか

第5章

教員の主体性を引き出す管理職の在り方

福岡大学
和田美千代
長崎県立松浦高等学校
舟越　裕

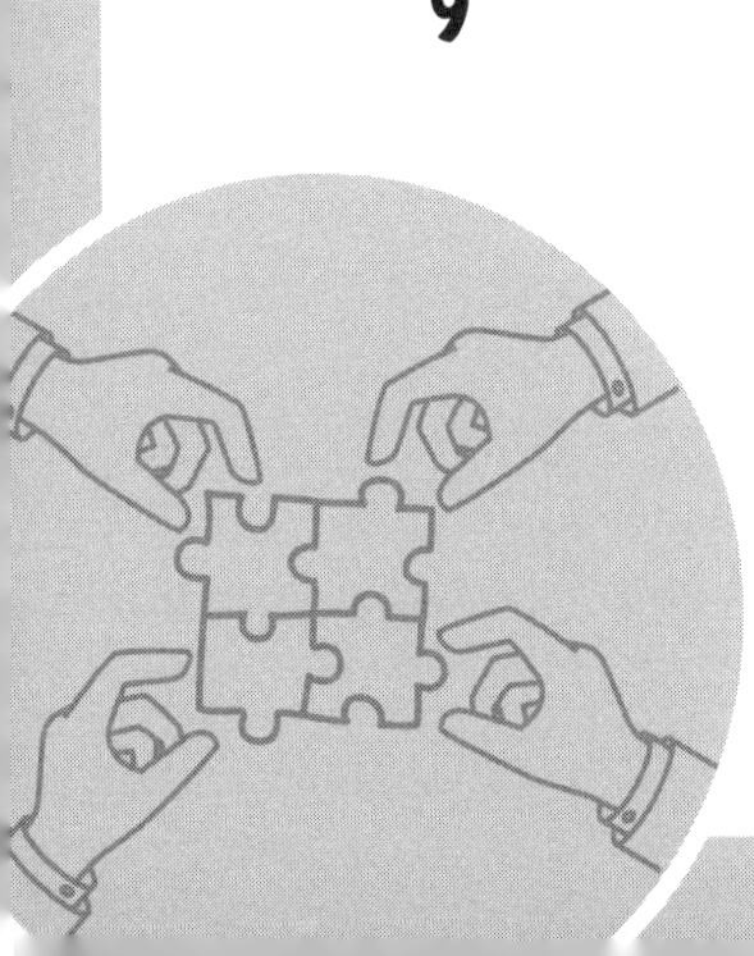

1

時代の先を学び続ける

福岡大学　和田美千代

　全国の学校がコロナ禍による学校休業という未曽有の事態に途方に暮れていた令和２年４月、全国に先駆けて福岡市立福岡西陵高等学校はオンライン学習をスタートしました。そのオンライン学習の立ち上げの過程は、先生方による探究活動そのものでした。先生方が、

⑴課題の発見：生徒の学びを止めないためにはどうしたらよいか？
⑵情報の収集：同期型ビデオ会議システム、非同期型オンデマンド等がある
⑶整理分析：各学年教科からの要望を教務主任に集約して Zoom 時間割づくり
⑷まとめ発表：Zoom を用いたオンライン学習実施

という探究のサイクルを回していったのです。その様子を振り返りながら、探究に必要なマインドセット、管理職のリーダーシップについて考えていきます。

校長着任２日目の「オンライン学習宣言」

「先生方、オンライン学習やりましょう。生徒たちの学びを止めないために」

コロナ禍による福岡県の緊急事態宣言下、学校休業延長決定を受けて、令和２年４月２日夕方、職員終礼で呼びかけました。オンライン学習についての要望は教務主任に集約され、土日を挟んで、４月６日の職員朝礼にはZoomを使ったオンライン学習の時間割案が示されました。なぜたった３日でオンライン学習システムができたのかというと、天の時・地の利・人の和のタイミングが揃ったからです。

天の時は、令和２年がコロナ禍であったこと。前代未聞の突然の学校休業。職員に解決すべき課題が突き付けられていたということです。

地の利は、福岡西陵高校が市立高校であったこと。福岡市はＩＣＴ教育に力を入れていて、その段階でＩＣＴ環境を整えていました。

人の和は、福岡西陵高校職員の想いの結集。ＩＣＴに詳しい吉本悟先生を中心に学校休業が決まった３月には、既にZoomを使って終業式や合格者説明会を試みていました。

学ぶ管理職と学ぶ職員がガッチリと握手

こう書いていると、オンライン学習の創出はいかにも偶然の賜物のように見えます。しかし、この偶然に至るまでに「必然の準備」があったのです。それは「校長も学んでいた。職員も学んでいた」という事実です。

コロナ禍による学校休業の5年前、福岡県教育センターの教育指導部長として県立高校にアクティブラーニングを普及啓発する任務を負っていた私は、オンラインでもアクティブラーニングセミナーがあることを知り参加してみました。その講座で使われていたのがZoomで、その便利さに衝撃を受け、高校現場に戻ったら是非使いたいと思っていました。

一方、福岡西陵高校の職員もまた、オンラインの学びを経験していました。福岡西陵高校は、内閣府の戦略的イノベーション創造プログラムの実践校となり、学習ログを蓄積することとなっていました。これによって担当教師・生徒ともにiPadやApple Pencil、Moodle、Zoom等に習熟することとなりました。

令和2年4月、コロナ禍による突然の学校休業という事態の時に、この2つの学び（校長の学びと職員の学び）が出合い、がっちりと握手したからこそ、福岡西陵高校はオンライン学習を創出できたのです。どちらか一方だけが学んでいるだけでは、こんな幸運は起きなかったでしょう。

なぜ福岡西陵高校はオンライン学習をスタートできたのか、私なりの答えは「管理職も職員も時代の先を学んでいたから」です。コロナ禍に備えて学んでいたわけではありません。管理職も職員も時代の先を探究し続けていたことが、次のステージの扉を開く準備となったのです。

時代の変化は非常に激しく、次々と新しい価値が押し寄せてきています。新価値世代を育てるのが教師の仕事ですが、教師自身はどんどん旧価値世代になっていきます。学び続けて日々アップデートしていくほかありません。

POINT

・管理職も職員も時代の先を学び続けよう。
・生徒の探究の前に、まず職員が自校のプログラムを探究しよう。

2

職員の主体性を引き出す

組織で取り組むことを示す

どの教育活動も、係や担当の先生が中心となってその企画を回しています。どの企画も担当の先生は大変ですが、総合的な探究の時間（以降総探と略記）を担当する先生の負担は格段に大きいと感じます。それは、先生方の協力が得にくいからだと考えます。総探の話になった途端、先生方に後ろ向きの雰囲気が流れます。中には「私は総探はやりません」と堂々と宣言する先生も、評論家のように批判する先生もいるのです。まるで総探だけ、するとかしないとかの「選択権」「拒否権」があるかのようです。しかし総探は学習指導要領に定められた教育活動であり、職員全員で取り掛かるものなのです。

管理職は、総探が組織的に全職員で取り掛かるべき学校の大事な教育活動であることを示し続けなければなりません。総探担当の先生と企画について細かく相談することはもちろん、**総探の担当の先生を校長が支持しているということを職員に「見える化」しなければいけない**のです。そこが校長の出番でしょう。

目的を職員の腑に落とす

福岡西陵高校のオンライン学習のシステムは神業のような速さで創られました。管理職として振り返ってみれば、あそこが成功の分岐点だったというシーンが２つあります。

１つ目は４月７日、福岡市教育委員会にオンライン学習の実演に行った日の職員終礼です。実演に行った帰りの車の中で私は自問自答していました。「小中学校までZoomでやることになった。何だか大事になったけれど、私はなぜオンライン学習をやるのだろう？」

その答えを職員終礼で先生方に訴えました。「うちの学校の生徒が、たまたま緊急事態宣言の福岡県に住んでいるからといって、全国区の大学受験で不利になるようなことがあってはなりません。先生方ご協力よろしくお願いします」。事実、県によってはまだコロナ禍の状況はひっ迫しておらず、普通に通学しているところも多くありました。このお願いをした時、先生方にスーッと染み渡った手ごたえがありました。3年の学年主任はZoom学年集会でそのままの言葉を3年生に伝えていました。なぜオンライン学習をするのか？「休校中の学力保障」と「生徒たちのメンタルヘルス維持」のためであるという目的が、しっかりメンバー全員の腑に落ちたのです。これ以後、先生方はさらに主体的に、かつ楽しそうに動いてくれていました。

これは、探究活動も全く同じでしょう。うちの学校でなぜこの探究活動をやるのか？目的を職員の腑に落とす、校長の出番です。

任せる　助ける　責任を取る

成功の分岐点だったというシーンの2つ目は、職員に「任せた」ことです。

4月3日の校務委員会で校長の私はこう言いました。「オンライン学習の進め方について、各部の長に全権を委任します。私は着任したばかりで、西陵生のことは先生方の方がよくご存知です。今の状況下、各学年教科の先生方が西陵生にとって一番よいと思うことをやってください。お任せします」これはアクティブラーニングでいう「手放す」「任せる」という手法です。任せることは「あなたたちを信頼していますよ」というメッセージです。任された先生たちは俄然張り切って各学年教科で集まって相談し案を教務主任に提出してくれました。「生徒の学びを止めるな」という課題を解決する主体は他ならぬ自分たち自身だと「自分事化」してくれたのです。

校長の方も「丸投げ」ではありません。注意深く状況を見守り、困っている部署にはすぐに助けに出動できるようにしていました。そして「失敗するのはいいことですよ。失敗から成功のポイントが見えてきますから。最後は校長が責任取りますから思いっきりやってください」と伝え続けていました。「今度の校長、好きにやらせてくれる」という声が聞こえてきました。

POINT

・組織で取り組むことを示し、目的を職員の腑に落とそう。
・「任せる　助ける　責任を取る」を忘れずにいよう。

3

新しい管理職のリーダーシップ

長崎県立松浦高等学校　舟越　裕

管理職として大切にしたいこと

学校全体で探究活動を進める上で、方向性を示す管理職のリーダーシップや、学校外との連携強化を図るためのマネジメント力は非常に重要です。ただし、マネジメントする中で、何をどの程度重視するのかは、学校（生徒、教職員、様々なステークホルダー等）の状況や管理職の考え方によって当然異なってきます。私は、２０１２年にある教育関係者との出会いをきっかけに、当時の勤務校で地域課題探究学習に取り組み始めました。ここでは、私がこれまでの取り組みを通して考えてきた、探究を進める上で管理職として大切にしたいことを、特に教員の育成という観点からまとめました。

１つ目は「ワクワク感をもつ」ことです。例えば授業づくりの中で、授業者自身がその授業内容を面白いと感じることが大切だと言われます。探究活動も同様です。私が、地域課題探究学習に取り組み始めたのは、課題先進地域の課題解決を考え、行動することが、生徒の学びの深まりや広がりに繋がる可能性が高いと感じたことがきっかけですが、加えてそうした学びをデザインしていくことに自分自身が面白みを感じたことがありました。管理職の仕事も同様で、**管理職が面白みを伝えてワクワクしながら取り組むことが、周りの教員が楽しむことに繋がっていきます**。

２つ目は「先を読む」ということです。１９９５年、私が初任校に挨拶に伺った際、当時の校長先生が「あなたは21世紀を生きる人間を育てることになります」と言われたことは、今でも心に残っています。「予測困難な社会を生き抜く人間を育てる」という言葉はすっかり定着しましたが、本当にそうした人間を育てるには、管理職がアンテナを高くして必要な情報を掴み、目の前にいる生徒たちの未来を考え、ビジョンを示し、教職員や生徒だけでなく学校に関わる多様な人々と共有することが、求められていると思います。

３つ目は、「持続可能な仕組みを考える」ことです。長崎県の公立高校の場合、管理職の異動サイクルは２~３年がほとんどです。探究活動「あるある」の中に、「あの人がいた時は、上手く回っていたんだけど」ということがあります。探究活動を人に紐付けずに組織的活動として定着させられるかは、管理職によるマネジメント力にかかってきます。

取り組み① 新しい動きを広める（県教育センター指導主事としての取り組み等）

平成27年度から2年間在籍した長崎県教育センターでは、教員研修を担当していました。その間、自分自身が外部の研修会に参加して（和田美千代先生が勤務されていた福岡県教育センターの研修にも参加しました）、言葉が先行していた「アクティブラーニング」や授業研究について学び、研修の中で還元してきました。また、研修を通じて出会った先生方を、教育センターの研修講座、県の校長会、休日の自主勉強会に、積極的に招聘してきました。こうした研修に「ワクワク感」をもって学んだ先生方の中から、学んだことを各学校にもち帰り、個人で、時には学校全体で新しい実践に取り組む先生が数多く出てきました。

各学校においても、管理職が「先を読み」必要な研修を実施しながら、先生方が適切な情報にアクセスし、自身の教育活動を振り返ったり、新しい取り組みにチャレンジしたりする環境や、**教育が大きく変化する中で必要なアンラーンの場の整備は非常に重要**です。

取り組み② 先生方の意見を聞く・ビジョンを共有する（佐世保西高校教頭としての取り組み）

平成30年度から4年間、佐世保西高に教頭として在籍しました。幸運なことに、赴任時の2学年主任が「ふるさと創生大作戦」と銘打って、1年生の後半から1年間の計画で地域課題探究学習に取り組んでいました。そこで、1学年主任とも話をして、この取り組みを継続させること、学び全体を探究的にデザインすること、生徒一人ひとりのキャリア意識の醸成に繋げることという方向性のもとで、年間計画の見直しに着手しました。検討の中で、1年前半に「ミニ探究」を通じて探究スキルを学ぶ単元を設定すること、「ふるさと創生大作戦」から次の「個人探究」に移行する2年生夏休みにインターンシップを導入して、探究活動と自らのキャリア形成とを結びつける取り組みを設定することにしました。学年の先生方とともに、「総合的な探究の時間」の全体的な枠組みをつくっていく一方で、「探究に時間が取られ過ぎる」「本当に生徒の力になるのか」と考える先生方もいました。そうした先生方も、教育に熱心に取り組まれている方ばかりです。そこで赴任2年目に、そうした先生方が探究活動に前向きに取り組んでもらうこと、教員間の目線合わせをすることを目標に、先生方の声をベースに教育活動の在り方を考えることにしました。

①全教員が個人で学校のSWOT分析（生徒・教員・地域・家庭の観点）を行う。

②SWOT分析のまとめ、本校の学校経営方針・努力目標、各教員のこれまでの経験に基づき、全教員が個人で「育成したい生徒像」を考える。

③「育成したい生徒像」を集約し、各教科会で整理・順位付けを行う。

④教科会の結果をベースに、学年・分掌の副主任を中心に「育成したい生徒像」の原案および「育成を目指す資質・能力」（9つの〇〇力）の原案を作成し、職員会議に提案する。

⑤「育成を目指す資質・能力」を身に付けさせるために、各教科の授業で具体的にどのような取り組みを行うのかをまとめる。

「生徒像」および「資質・能力」について、全教員が参画しながら検討したことで、資質・能力ベースで教育活動を考えていくことの重要性や、探究活動が生徒の資質・能力の育成に大きく寄与することについて納得感を高めることができました。また、当時は探究活動の充実と並行して、「主体的・対話的で深い学び」の実現を目指す授業改善にも取り組んでいましたが、**この両方を担っていたプロジェクトチームを、「探究チーム」と教科**

主任中心の「授業改善チーム」に二分しました。この結果、学校の目玉でもあるプロジェクトに多くの先生方が関わるとともに、業務の平準化が進みました。こうしたプロセスを経て、佐世保西高での探究活動の「持続可能な仕組み」を構築していきました。

取り組み③　教職員の自走性・学校の自走性を高める（松浦高校校長としての取り組み）

令和４年４月、松浦高校に校長として赴任しました。松浦高校は、以前から学校の魅力化等に対して松浦市から補助金をいただいたり、松浦市役所職員との協働により地域課題解決型学習「まつナビ」の実践に取り組んだりしていました。こうした実績により、令和２年度から文部科学省の「地域との協働による高等学校教育改革推進事業」の研究指定を受け、令和４年度からは、「普通科」を「地域科学科」と改編して文部科学省が進める普通科改革の先陣を切るとともに、文部科学省の「新時代に対応した高等学校改革推進事業」の研究指定も受けました。やるべきことが満載でしたので、赴任後すぐに先生方との面談を進めるとともに、研究指定事業の軸となる「まつナビ」の見学、ステークホルダーとの意見交換、先生方の授業見学などを通して、課題や強みの把握に努めました。

その中での気づきとしては、①探究活動における先生方の自走性を高める必要があること、②学校側からもっと地域に出て行き地域リソースを借りながら生徒の学びを深める必要があること、という探究活動を行う中でよくある2つの課題が浮かび上がりました。

①については、プロジェクトチームの活性化に取り組みました。研究指定事業を進める中で大学の専門家に頼りすぎて、教員のプロジェクトチームのリーダーが、一人で多くのことを抱え込んでいる状態でした。そこで、先生方の参画意識を高め、プロジェクトチームの活性化を図るため、次の取り組みを始めました。

○プロジェクトチームで、「まつナビ」のカリキュラムおよびルーブリックを見直す。

○「まつナビ」の各活動単位における身に付けさせたい資質・能力を言語化するとともに、検討中のルーブリックに紐付ける。

※ルーブリックの検討は、評価が専門の大学の先生からの提案で、複数回にわたり教員と一緒に検討を行い、教員が「自分事」として捉えられるよう配慮をいただいた。

こうしたプロセスを経て、プロジェクトチーム内で、教員が意見を出し合えるような雰囲気が徐々に醸成されてきました。また、職員会議などでは「研究指定事業は実証実験のためなのだから、失敗を恐れずチャレンジしましょう」と伝えています。こうして教員自身が探究して「自分事」とすることで、「教職員の自走性」が高まりつつあります。

②については、次の2つの取り組みを進めています。

・**「まつうら高校応援団」の組織化**：地域課題解決を支援してくれる地域事業所等を予め学校が把握し、課題解決策を考えている生徒と地域のリソースとを直接結びつける。

・**「まつナビプロジェクト支援金制度」の創設**：探究活動に必要な経費について、生徒自身が申請書を提出し、必要な資金を市の補助金から提供する。

松浦高校は、一市一高という点で特殊かもしれませんが、地域の力で学校を支援する組織体制が整いつつあります。**地域を含めた支援者との連携により、教員が異動したとしても探究活動が継続する「学校の自走性」も高まるはず**です。探究活動の「持続可能な仕組み」を高めるには様々なアイデアがあるはずで、管理職の腕の見せどころです。

POINT

・管理職が「ワクワク感」をもって、「先を読み」ながら取り組もう。
・先生方をその気にさせる。そのためには、まず先生方の声に耳を傾けよう。
・学校の支援者と連携することで「持続可能性」は高まる。そのためにも管理職が動こう。

COLUMN 5

企業でのチームづくりの重要性

三井住友信託銀行　小西直樹

チームづくりは学校だけでなく、企業でも重要なことです。銀行にお勤めの小西直樹さんに企業でのチームづくりの重要性について寄稿していただきました。

チームのもつ本質的な力を発揮するために

大量生産の実現が求められた高度経済成長期の時代においては、１つのものを大量、かつ低価格で製造することで、大きな利益を得ることができました。ある意味、正解がはっきりしていたとも言える時代においては、企業の中においても、指示された仕事を正確かつスピーディーにこなすことができることが重視されてきたとも言えます。明確な指示をチームのメンバーに出し、進捗管理を行っていくことが、リーダーの役割で、指示された仕事を、正確にこなしていくことが、メンバーの役割であったと言えると思います。

一方、経済的な発展を経て物質的な豊かさを実現し、ＶＵＣＡの時代とも言われるようになった現代社会においては、唯一の正解と呼べるようなものは、ほぼなくなったと言えます。旧来の時代のように、言われた通りの仕事を、共同してただこなすだけでは、チームとしての目的や目標を実現することは、難しくなったのです。

学校教育においても、暗記力の重視された旧来の学習スタイルから、近年、探究や対話の力が求められるように変化してきているのは、社会において、必要とされるものが変化してきたからとも言えるのではないでしょうか。

このような**現代社会において、組織の中で、チームとしての本質的な力を発揮するために必要なものは、主体性、多様性、共同性です。**所属するチームが、これらを自然と発揮できるような「場」であれば、「チームのもつ本質的な力の発揮」、すなわち「個々人の個性を相互に生かし合い、集団としての力を最大限に発揮すること」を実現することができるのではないかと思います。

「心理的に安全な場」が「関係の質」を向上させる

ダニエル・キム氏が提唱した「成功の循環」モデルによると、組織における良質な変革を実現するために重要なことは「関係の質」を向上させることだと言われています。「関係の質」を向上させる前に「結果の質」の向上を求め、そのために「行動の質」の向上を半ば強制的に求めることで、「思考の質」が低下し、「関係の質」の悪化へと至り、「結果の質」も低下するという悪循環に陥るケースも多いように思います。しかし、「関係の質」の向上を追求し続けることで、個人、チームが、継続的に成長し続けるような好循環を生み出していけます。そのためには、チームを「心理的に安全な場」としていくことが、重要です。その場に信頼感や安心感と言えるような空気感が漂っている、そのような「場」とも言えるかもしれません。その場を誰よりも主体的な意識をもってつくっていくことが、リーダーの担うべき重要な役割の1つと言えるのではないかと思います。「言うは易し、行うは難し」ではありますが、個人もチームも成長し続けていく好循環な場を醸成していくことを意識して、粘り強く、「場」をつくること自体を楽しんで取り組んでいくということが、何よりも大切なのではないかと感じています。

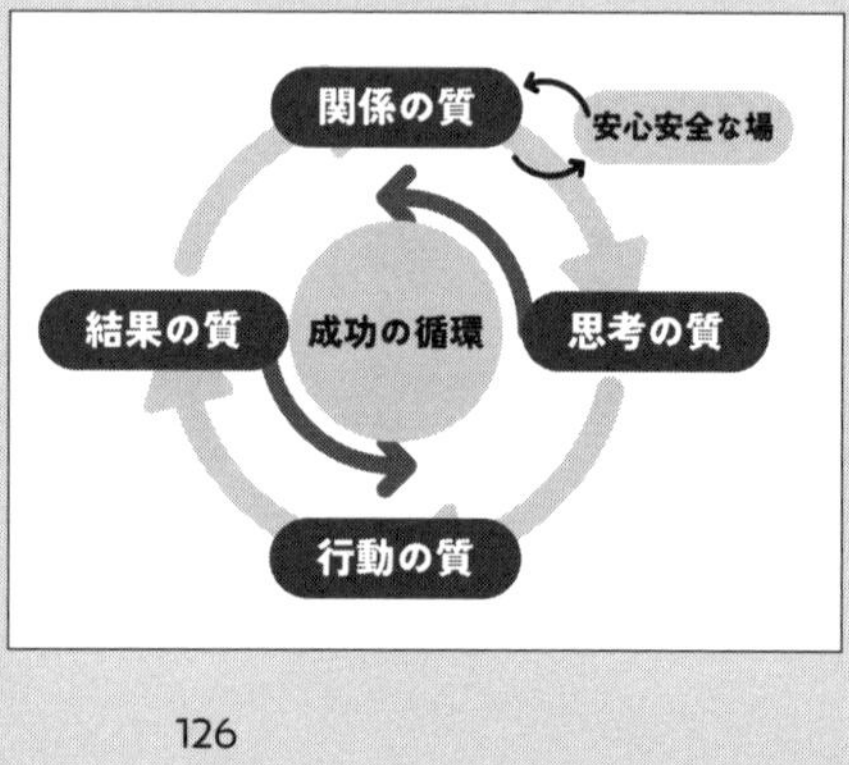

第6章

思いで繋がるネットワークをもつ

立命館宇治中学校・高等学校
酒井淳平

1

ネットワークの力で成長する生徒

ネットワークの力による生徒の変化

ここではまず、Ａさんの例を紹介します。Ａさんは宮崎県立飯野高等学校が主催した「全国グローカルリーダーズサミット」に参加しました。飯野高校は本校が文科省ＷＷＬ指定となってからネットワーク校として交流を続けている学校です。

サミットで全国から集まってきた高校生との交流はもちろん、飯野高校の生徒たちが実行委員会を組織して企画・運営のほとんどすべてを行っていた姿に大きな影響を受けたＡさんはその場である決断をします。

それは沖縄のＯＩＳＴで開催される Spring Camp への参加。幸い camp を主催している一般社団法人One Young World Japanにネットワークで交流している方がおられ、また別のネットワーク校もcampに関わっていました。

Ａさんはcampでさらに大きな刺激を受け、ＦＳＣアワードというコンテストに応募。全国163組271名の応募の中から、高校の部で見事最優秀賞に輝き、現在はいろんな企業などからの支援を受けながら、ＦＳＣジュニア・アンバサダーとして、様々な広報活動や受賞作品を実現するプロジェクトにチャレンジしています。Ａさんの成長はネットワークの力があってこそでした。

Ａさんのようにネットワークの力で大きく成長した生徒の例を挙げればきりがありません。中小企業庁が主催するJapan Challenge Gate 2022で日本一に輝いた生徒たちも、そうでした。2022年度は本校が「学びと社会の連携促進事業の起業家教育事業」における起業家教育プログラム実施校だったこともあり、関西や東京のいろいろな起業家の方や他校で起業プラン作成に取り組んでいる高校生と出会うことができました。人との出会いで彼らのプランがブラッシュアップされ、その結果が日本一でした。

学校がもつ教育力として ネットワークも重要

生徒はもちろん、教員もネットワークの力で大きく成長します。新しい人、新しい世界との出会いは教員の世界を広げ、**いろいろなことに挑戦されている大人との出会いは、教員としての自分の在り方を問い直す機会**になります。

こうしたことを考えた時に、学校がネットワークをもっていること、そして担当者である現場の教員同士が（仕事という部分を越えた）思いの部分で繋がっていることが貴重です。思いで繋がるネットワークが、生徒や教員の成長に繋がりますが、そうしたネットワークをもっているかどうかも学校やその先生の教育力ではないかと思います。

これは古くからわかっていることだとも思います。部活動を考えた時に強豪校は必ず思いで繋がったネットワークをもち、生徒はそのネットワークの力で成長しています。本校にも全国レベルの部活動がいくつかありますが、どのクラブも全国トップレベルで活躍する学校とのネットワークをもち、定期的に練習試合や合同練習などで生徒や指導者が出会い切磋琢磨する機会をもっています。そのネットワークには本気の生徒や指導者が集まるので、ネットワークの力もどんどん高まっていきます。
新学習指導要領では「社会に開かれた教育課程」が強調されています。これからの時代は学校だけが生徒を育てる時代でないことは間違いありません。もちろんネットワークがあればいいわけではありません。思いがなく形だけで繋がっているネットワークは時として仕事や、やるべきタスクだけを増やしてしまいます。大切なのは思いで繋がるネットワークをもつことです。ネットワークづくりについては次節以降で、組織としてのネットワークづくりと個人でのネットワークづくりについて考えたいと思います。

POINT

・生徒も教員もネットワークの力で大きく成長する。
・ネットワークも学校の教育力として大切なもの。

2

組織としてネットワークを構築する

本校のネットワーク構築

組織としてネットワークをつくるということを考える前に、学校には既に多くのネットワークがあるということを忘れてはいけません。このことは組織の長である校長が出席しなければいけない会合や学校外での会議の数などを考えれば明らかです。そもそも日本中の学校は文科省のネットワークに入っているとも言えます。ネットワーク構築を考える時に、**「新しいネットワークをつくる」ということだけでなく、「今あるネットワークがどうすればよりよいものになるか」という視点も忘れてはいけません。**先ほど本校の生徒の例を書きましたが、そこでのネットワークは本校が文科省ＷＷＬ指定を受けたことが契機になっています。指定を受けたことにより運営指導委員会の設置やネットワークの構築が義務となりました。もちろん本校には従来から存在しているネットワークも多数ありました。こうしたものも意識しながら、探究やグローバル教育のカリキュラム開発などの課題を進めるためのネットワークを構築することが必要となったのです。その時本校は既に関わりがあった方たちとネットワークを構築しました。その結果、文科省指定事業という公のものでありながら、担当者や組織が思いの部分でも繋がったネットワークになりました。本校のネットワーク構築に大きな役割を果たしたのが、水口貴之先生です。水口先生は文科省に2年間出向し、「トビタテ！留学JAPAN」の立ち上げに尽力した経験をもちます。水口先生の思いと、文科省出向での人の繋がりがあってこそのネットワークだということは間違いありません。水口先生からは、組織同士でつくるネットワークは公のものですが、そこに中身を入れるのは「人」だということをいつも学んでいます。

組織で連携する時に必要な2つの連携

組織同士の連携には必ず2つの連携があります。1つはトップ（決定権をもつ人）同士、もう1つは担当者同士です。長く安定して続く連携ほど、この2つがどちらも連携できているように思います。

例えば本校は2022年度から宮城県仙台第三高等学校と協働して国語の授業を実施しています。協働授業を実施するにあたっては両校の国語科の担当者が何度もオンラインでミーティングを重ねています。またお互いに行き来して直接会う機会も設けて交流を深めています。この取り組みがスムーズに進む背景には校長同士の繋がりもあります。仙台第三高等学校は本書の第2章を執筆されている佐々木先生が校長をされていましたが、協働が始まる前に担当の先生と一緒に京都まで来てくださいました。また校長同士が京都や仙台で会う機会も設定しています。校長同士が連携できていることは取り組みをスムーズに進める上で大きな力になっています。

WIN-WINとなる関係を考える

組織は役職者も担当者も毎年変わるので、いつまでも同じ思いで繋がることは難しいです。大事なことは2つのレベルの連携を意識して、誰が担当になっても連携が続く仕組みをつくりながら、思いで繋がり「やりたい」を形にできる可能性を残しておくことではないでしょうか。連携することが目的化することが多い現状を考えると、ノルマは最小限にし、属人的な部分を残す方がいいように思います。

また連携において、ＷＩＮ‐ＷＩＮの関係づくりが大切ということも忘れてはいけません。公立学校と教育委員会のような強制的な協働関係であったとしても、組織同士の連携がうまく機能するのかどうかを決めるのは、組織や担当者同士がＷＩＮ‐ＷＩＮになる形をお互いに探究できるかどうかではないでしょうか。

POINT

・思いで繋がるネットワークの存在が大切。
・トップと現場、２つの連携を意識することが重要。
・ネットワークを続けることが目的になっていないか常に確認することが必要。

3

個人でネットワークを構築する

一歩踏み出す勇気からすべてが始まるのかもしれない

「研究会では懇親会にも参加した方がいい」若いころに先輩に言われた言葉です。確かに懇親会に参加することで、一緒に参加していた先生と交流が深まり、今でも仲の良い方は少なくありません。先ほど本校が文科省指定を受けてＷＷＬに取り組む中でネットワークを構築したことを書きましたが、会議後の時間も重要だった気がします。学校外のある方は「ＷＷＬはＷＷＮによって成功した」と言われていました。「Ｎ」は飲み会です。公の会議や取り組み以外に、飲み会など心を通わせる時間の大切さがわかるエピソードです。

もちろん飲み会は夜に開催されることも多く、家庭の事情によっては参加しにくいということがあります。令和の時代の飲み会の在り方は今後考える必要があるでしょう。ただ、ネットワーク構築という時に、難しく考えすぎず、**まずは自分が興味をもって参加した集まりで、少し勇気を出して懇親会など＋αの会に参加するというところから始める**のが最もいいように思います。学校にいるとあまり実感しないかもしれませんが、教員は無料や格安で学べる場が多く、学びの場での参加者との共通言語も多いです。社会的にも一定の信頼があり、実はネットワークをつくるという点では恵まれた職業です。

何らかの場に参加することは勇気がいりますし、懇親会のような＋αの場に参加することはさらに勇気がいります。しかしその勇気からすべてが始まるように思います。

探究テーマから広がるネットワーク

10年以上前の前任校での経験ですが、ＳＳＨの取り組みで生徒を引率して発表会に参加したことがあります。その場で生徒たちは新しい友人をつくって楽しんでいたのですが、会話の内容はサイエンスや自分たちの研究テーマについてでした。サイエンスや研究で仲良くなるというのは、その時の自分にはすごく新鮮でしたが今振り返ると当然です。自分は当時ソフトテニス部の顧問をしていました。他校との練習試合なども多数経験しましたが、生徒同士は徐々に親しくなり、その時の話題はソフトテニスでした。ソフトテニスで出会った生徒はソフトテニスの話をし、サイエンスの研究で出会った生徒はサイエンスの研究の話をする、それだけの話なのです。

このことは「生徒が探究テーマをもつことで外の世界と繋がれる」ということも表しています。本校でも起業プラン作成に取り組んだ生徒は起業家の方に出会い、地域活性化に取り組んだ生徒は地域でいろいろな取り組みをしている方に出会っていました。生徒たちはそうした出会いによって、いろんな方の生き方に触れ、自分の将来の夢を膨らませていきます。出会いと原体験こそが高校生にとって重要であると実感する瞬間です。

もちろん出会いは生徒に限ったことではありません。私たち教員も教育という探究テーマがあることで外の世界と繋がることができます。大槌高校におられた鈴木先生が「探究で地域との関わりが深まり、生徒が地域に出ていくようになった。その結果、教員も地域に出るようになった。そのことが教員の世界を広げてくれた」ということを言われていました。**生徒が探究テーマをもつことで、私たち教員も生徒への伴走過程でいろんな方に出会える**のです。

人に出会い、いろんな人の生き方に触れること、その過程で自分の生き方を考えることは、キャリア教育として高校生にとって大変重要なことです。総合的な探究の時間で意識的にキャリア教育に取り組むことが、結果的に生徒の生き方にも影響を与える探究学習の実現に繋がるのかもしれません。

POINT

- ネットワーク構築は一歩踏み出すことから始まる。
- 生徒は探究テーマをもつことで社会と繋がれる。
- 総合的な探究の時間で意識的にキャリア教育に取り組もう。

4

ネットワークは目的ではなく結果

ネットワークづくりは目的ではない

ネットワークをつくることは目的ではない、こんなことを思います。私事ですが、若い時に中学校男子ソフトテニス部の顧問をしていました。生徒と一緒に「ソフトテニスを通じて、人として成長するよりよいチームづくり」を探究していたように思います。

顧問になった時には知り合いはほとんどいなかったのですが、生徒が上位の大会に出場するようになり、自分が大会運営を手伝ったりする中で、多くの先生方と仲良くなることができ、いろんな学校と練習試合もできるようになりました。これは「ネットワークをつくった」と言えるのかもしれませんが、生徒と探究したその結果としてネットワークができていたというのが正直なところです。

その後現在の学校に転勤してソフトテニスからは離れてしまいましたが、中学校訪問をした際に、長らくライバルとして戦ってきた先生に再会しました。定年退職し再任用として働かれていたその先生と握手して当時のことなどを語り合いました。一緒に戦い、ともに探究した仲間だったことを感じ、元気をもらった瞬間でした。ソフトテニスを通してお会いできたことに感謝した時間でもありました。

もちろん、探究やキャリア教育、数学の授業づくりなどを通じて出会えた方もたくさんおられます。人はそれをネットワークと呼ぶのかもしれません。でもそれはあくまでも結果でしかなく、純粋に自分のテーマを探究する、その過程で素晴らしい方に出会えているというのが正直なところです。周りの方には感謝しかありません。

確率論が示す大切なこと

一人でできることは限られているし、仲間がいた方がエネルギーをもらえます。人との出会いやネットワークが大切であることは事実です。どうすれば仲間に出会えるのかということについては数学の確率論が明確な答えをもっています。確率論で考えるとサイコロを投げて1を出したければ「サイコロを投げる回数を増やせばいい」のです。これは人との出会いについて大切なことを示唆しています。**仲間に出会いたいと思うなら、出会える場に行く回数を増やすこと**が重要なのです。

アメリカの社会学者マーク・グラノヴェッターが発表した「弱い紐帯の強み」によれば、新規性の高い価値ある情報は、自分の家族や親友、職場の仲間といった社会的繋がりが強い人々（強い紐帯）よりも、知り合いの知り合い、ちょっとした知り合いなど社会的繋がりが弱い人々（弱い紐帯）からもたらされる可能性が高いのです。いろいろな繋がりがあることの重要性を示す理論です。

人生で出会うべき方には必ず出会える

森信三先生の言葉に「人間は一生のうち逢うべき人には必ず逢える。しかも一瞬早すぎず、一瞬遅すぎない時に」（致知出版社ＨＰ「森信三の名言」より）というものがあります。出会うべき人にはここというタイミングで必ず出会える、我々教員にとってももちろん同じです。

先ほど組織同士の連携については WＩN‐WＩNの関係をつくることが重要と書きましたが、テレビ番組「林先生が驚く初耳学！」で林修先生は「ギブ＆テイクはもう古い！ギブギブギブギブギブギブ＆ギブがちょうどいい」と力説されました。これは大切な視点だと思います。

いずれにしてもネットワークは目的ではなく結果です。自分自身の探究テーマをもち、一歩踏み出して人に会う機会をつくり、「ギブ」を意識する。その結果人との繋がりができた時に、他の人はそれを「ネットワーク」と呼ぶのかもしれません。

思いで繋がるネットワークは仕事としての関わりにとどまらず、自分の人生を豊かにしてくれると思うことが多いです。この本も読者の皆さんとの大切な出会いの場になればと思いながら書きました。

POINT

・ネットワークは目的ではなく結果。
・人生、出会うべき方には必ず出会える。

COLUMN 6

なぜ、探究学習では教員コミュニティが重要なのか？

ベネッセ教育総合研究所　小村俊平

6章では教員のネットワークについて書きました。このことについて教員ではないのに、全国いろんな教員と繋がっておられる小村さんに、教員コミュニティについて寄稿していただきました。

教員コミュニティが、教員の成長を促す

私は、15年以上にわたって全国の学校の先生方と交流し、数多くの学校改革や学校設立に伴走してきました。この3年間は「気づきと学びの対話」というオンライン対話会を毎週水曜日に開催し、先生たちの集合知による問題解決に取り組んでいます。

この対話を続けて実感しているのは、多様な学校の教員が集まり、対話を重ねることで教員が成長することです。そして、その成長が各学校での探究学習の質を高めることです。

では、教員コミュニティに参画することで教員はどのように成長していくのでしょうか。

これまで「気づきと学びの対話」では、様々なテーマについて対話を重ねてきました。例えば「生徒の探究学習をどう支援するか」「探究学習の外部連携をどう実現するか」「学校内のチームづくりをどう進めるか」等の日常の活動の質を高める方法についてです。また、「全国一斉休校での学習支援をどうするか」「生成AIを授業でどう活用するか」等今まで誰も直面してこなかった新しい課題への対応法を考えたこともありました。

どんなテーマを対話する時にも大切なのは、若手教員や管理職らが立場を超えて知恵を出し合い、自らが実践した経験を共有することです。対話で出会った教員同士が互いの学校で研修を行い、複数校が協力して合同授業を行ったこともありました。

このような教員同士の対話と協働には、生徒の探究学習を支援していくために大切な心構えが含まれています。その1つが「協働的な問題解決のスタイル」です。何でも一人で抱え込まず、ネットワークを活用して問題解決に取り組む姿勢ともいえるでしょう。生徒の探究学習を支援しようとすると、教員の役割も、求められるスキルも変わります。従来のように教員が詳しい内容を生徒に教えるだけでなく、30人の生徒がいれば30人の異なるテーマに向き合い、生徒一人ひとりが理解を深め、何かをつくり上げていくための支援が期待されるのです。

しかし、専門外のテーマや想定外の出来事に向き合うことは、経験豊富な教員にとっても容易ではありません。従って、一人でできることにこだわらず、学校内のチームはもちろん、学校外の多様な人々のネットワークの力を借りることを考えていくべきでしょう。

教員コミュニティに参画すると、自身と同じように悪戦苦闘する教員に出会えます。他の先生たちの知恵は大変参考になりますし、勇気付けられるでしょう。他校の状況を知ることで所属校の状況をより深く捉え、問題解決のヒントが得られることもあります。

また、それぞれの取り組みで獲得した大学や企業等の人脈の共有、探究学習の成果発表会等の生徒同士の交流も魅力的です。さらに、優れた実践を共有することで「単なる活動」ではなく、探究学習を体系付け、学問的な知見へと発展させることもできるでしょう。

そして、こうした取り組みを進めていくと探究学習を深めていくために大切なもう1つの姿勢が身に付きます。それは「互恵的な問題解決のスタイル」です。

教員コミュニティは、熟達した教員が一方通行でノウハウを共有する場ではありません。参加者一人ひとりが、お互いの知恵や経験をもち寄り、集合知を生み出していく場です。自身の力を様々なかたちで発揮し、他者に貢献するという経験が、皆さんの学校に素晴らしい「探究コミュニティ」を生み出すことに繋がるのではないでしょうか。

第7章

何のために探究をするのかという哲学をもつ

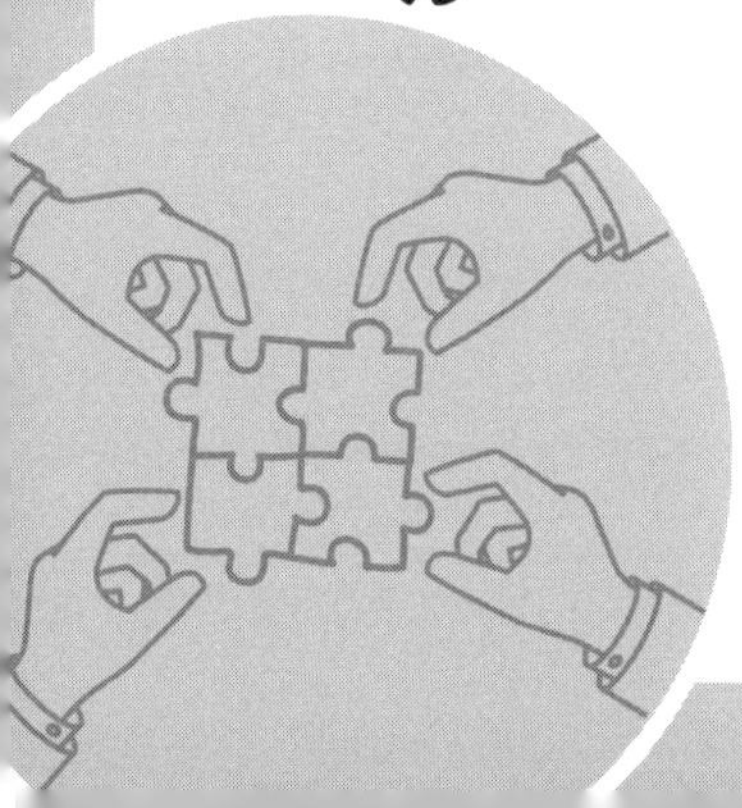

1

探究活動は、高校生の将来にどう生きているのか？

探究で活躍した卒業生に取材

本章では、高校在学中にコンテスト等で成果を上げ活躍するなど高校時代を探究活動で走り抜けた高校生たちに、大学生になったその後、あの時の経験がどう生きているかなどを話してもらい対談形式でまとめています。

【参加者（肩書き等は取材時のもの）】
福田奈津実（立命館宇治中学校・高等学校卒）大学2年生
船野杏友（岩手県立大船渡高等学校卒）大学4年生
鈴木　蒼（岩手県立大船渡高等学校卒）大学4年生

聞き手：酒井淳平、梨子田喬

梨子田：皆さん、こんにちは。今日は皆さんの探究活動の経験を振り返ってもらい、なんのために探究活動をするのか、について考えていきたいと思います。まずは、皆さんどんな探究活動をしたのか簡単に教えてください。

福　田：私が行った探究活動は、廃棄されてる野菜の苗を何かに活用できないかと考えて、それを実際に児童養護施設とか小学校とかに持っていって、食育の授業として活用するプロジェクトです。

鈴　木：私は、「あたらしいあたりまえを」をテーマに障害者の方々の物理的な可動域だけではなく考え方的な可動域を広げるための探究活動を行っていました。アプリをつくったり、芸術や音楽から攻めるなど多方面にわたって取り組みました。

船　野：私は、実家で地下水を飲んでいて、自分の家の水はどんな性質の水なのかというところに興味をもち、それを社会に繋げて水の商品化に取り組みました。

梨子田：皆さん個性あるテーマで取り組まれていますね。探究活動のテーマ決めは全国の高校生すべて苦戦しているところだと思います。皆さんは、どうしてその探究活動に取り組もうと思ったのですか。

船　野：私の場合は、三者面談の時に、理科の実験が好きだったことを思い出し、家の水道が地下水の話も出てきてそれを組み合わせて「自分の家の地下水はどのような水か」という問いから始めてみようか、となりました。本当に偶然生まれた問いです。

梨子田：当時はそんな言葉はなかったですが、今はセレンディピティという言葉があって、その偶然が概念化されていますね。

船　野：そうですね。そこからその水に対するいろんな発見があり、知識が深まった後に地元の課題っていうところと結びつけて、水の商品化を目指して活動していくことになりました。

鈴　木：私は、軽度の色覚異常があったので、元々障害について関心をもっていたことがきっかけです。また、高校入学時に、何か大きなことをやりたいという思いが強くありました。何かをスタートする上で、きっかけってすごく重要だなと思うんです。そういう意味で、高校に入学して探究活動という場があったことにとても感謝しています。私が入学するまでは探究活動は盛んではなかった。そういう意味で、チャンスが巡ってきたと思いました。

福　田：私は、私の実家が野菜の苗を専門に扱う苗農家なんですけど、中学1年生のころからずっと手伝いをしていました。その中で、育ちすぎてお客さんがいないという理由で捨てられる苗があることに気づきました。そこをもったいないと思ったのがきっかけです。プロジェクトは今も続いているんですが、私の場合、自分が疑問に思ってたことをプロジェクトにしました。

梨子田：なるほど。これまで聞くと三人とも問いの起点が自分の当事者的な部分にありますね。すると、自分の中にある問いから課題設定をしていくというのが１つの手掛かりだと思いますがどうでしょう。

船　野：私は、最初は、問いは自分の中から出てくる方が幸せなんじゃないかと思っていました。今大学生活の傍で高校の探究活動のお手伝いをしているんですけど、自分と向き合うのがそもそも苦しい高校生も中にはいるので、正直今、結論出せないかなとも思い始めています。１つ言えることとしては、迷ったりやりたくないと思った時に、自分から出てきた問いだと探究の火を消さずにできるということはありますね。

梨子田：探究をお手伝いする側に立ってみて、テーマが自分の中から全く出てこない生徒に対してどういうアプローチをしたらよいと思いますか。

船　野：テーマになる可能性があるものは、「既に自分の中にある」と思ってます。テーマに貴賤はないので。自分の中から出てこないのは、それを言葉に落とす経験をしたことがないからだと思っているのでゆっくり対話をして共感・深掘り・批判的問いかけを繰り返していくことでテーマを引き出していけばいいのではないでしょうか。

梨子田：ところで、三人に質問ですが、高校時代に探究活動を通して、どんな力が身に付きましたか。

鈴　木：私の場合、「理解と解釈」にこだわって、あらゆる決断をしっかりとした考えのもと自分の意思で選択して進めるようになったっていうのが、探究活動の中で自分に生まれた力だと思っています。

酒　井：「理解と解釈」の違いとはどういうことですか？

鈴　木：音楽にたとえます。音楽の世界では楽譜を見てその楽譜を正確にトレースして演奏することが「理解」じゃないですか。一方で、解釈っていうと女性が海辺のホテルでコーヒータイムを過ごして音楽を聴く場面を思い浮かべるなど、一歩踏み込んだ想像をしながら、強弱をつけたりして曲を創り上げていく。そこまでできるのが「解釈」だと思います。その違いが見え始めてから、こだわって考えなくてはいけないと思うようになりました。

酒井：高校時代の探究活動に寄せて具体的にいうとどういうことですか。

鈴木：先天的に目が見えない人と後天的に目が見えない人とでは、一口に障害といっても全然違うんです。高校時代自分はそれを「理解」しているつもりで探究をしていましたが、経験を深めるにつれて「解釈」までいかない表面的なものだったということに気づきました。

酒井：なるほど。確かに、机上の理屈に終わらせず、実際社会の現場に触れていくことで、「解釈」をしていくということですね。船野さんはどんな力が身に付いたと感じますか。

船野：私の場合、3つあります。まず1つ目が、教養や知識を探究していく中で「教養の旅」ともいうべき自分事となるインプットです。自分の中にすっと入ってくる学び方だからこそ他者を理解できるような受容力に繋がったと感じています。2つ目は自己理解が深まったことです。例えば、大人とコミュニケーションする中で自分はこういう文脈のコミュニケーション苦手なんだなとか、こういう場所がすごく好きで、こういうところに自分のこだわりがあるみたいなところが見えてきました。3つ目は、自分が今何をしなくちゃいけないのかが理解でき、決断に納得感をもてるようになったことです。例えば私の探究活動の場合「商品化をしたい」「こういうふうに課題解決をしたい」というビジョンをいろいろな関係の中で描きながらやってきました。それはこれまでの対自己、対社会に関しても同様で、ビジョンを描けるようになったと感じています。

鈴　木：私も、今の意見に共感しますね。あらゆる決断をしっかりとした考えのもと自分の意思で選択して進めるようになったっていうのが、探究活動の中で生まれた力だと思います。

福　田：私も同感です。大学生になって気が付いたのですが、私はこのイベントに参加しますとか、簿記2級受けますとか…みんながバラバラで、高校みたいに朝のホームルームで「簿記2級に挑戦したい人は…」といったアナウンスがあるわけじゃないんですね。自分が探して選択し決断しないといけない。探究の授業は自分で選ぶことを鍛える授業だったと思います。

梨子田：三人の意見が一致しましたね。探究活動の授業を見ていると先生が指示を与えている場面を多く見ます。生徒たちから判断の機会を奪わないような設計にしないといけないということはいえそうですね。

福　田：私にとっては、「問いを考える」という授業も大きかったなと思います。

梨子田：お、それはどんな授業でしたか。

福　田：人が話したことに対して問いを3つ考える、という授業でした。その時の私にはとても難しくてこれが何の役に立つのかなと思ってましたが、今になってとても役に立っている授業だったと思っています。

酒　井：あまり役に立つと思わなかったのに、なぜふと思い出したのでしょうか。

福　田：大人の人と会話を続ける時に、すぐ気詰まりになって会話が途切れてしまいます。その時に自分からいろいろ聞いていくと情報をたくさん引き出せるし、興味関心の入り口も増えていきます。問いを考える授業はそういう力を養う授業だったんだと気が付きました。私は探究活動のおかげで、自分で考えることができるようになり、視野を広くもつことができました。「関係ない」と閉ざすのではなく、様々な人から知見を引き出し、その情報を関連付けていくことでアイデアが生まれるのかと気が付きました。

梨子田：自分の探究活動の例で具体的に説明してください。

福　田：私は「もったい苗」（廃棄苗）を広めるプロジェクトに取り組んだのですが、どうも単発な売り込みで終わってしまって、うまくいかなかったんです。そこでコミュニティをつくろうと思いましたがよいアイデアがありませんでした。たまたま、私が住んでる場所の地目は農業用地に設定されていて住宅街にできません。さらに農家さんたちは高齢化して耕作放棄地が多くなっています。この現状に目を付けて、ここで貸農園をして、そこで「もったい苗」を販売できたらというアイデアを思い付き今も温めています。

梨子田：不動産の話までよく手を広げて調べましたね。

福　田：不動産の話は苗の探究とは繋がらないものですが、まさに大人にたくさん質問をして情報を引き出していく中でたどり着いたアイデアです。問いを考える授業はこういう力を身に付けるためのものだったんだなと思いました。

梨子田：さて、今の話の流れで、高校時代の探究活動が皆さんの大学生活でどう生きていますか、という質問に移らせてください。

福　田：今大学2年生ですが、大人の方と交流する機会が増えていて、他の人よりもスタートラインが先に来ていると感じています。コミュニケーション能力は本当に重要で、多くの人と関わって学んでいるのでたくさん情報が入ってきて、他の人よりも質の高いよい情報に触れることができていると感じています。

船　野：高校時代のプロジェクトから、複数のいろんな壁に当たってこれがどう解決できるかみたいなところをいろいろ考えていく癖がつきました。１つの課題を見る中で、その裏側にどういう人がいるのかとか、どういう環境が潜んでいるのかなど、前提や背景やシステムまで考えることができるようになったので、それは高校の時の探究活動が力になっているなということはありますね。

鈴　木：私の場合、それこそ最近感じていることなんですが、おそらく自分が思ってる自分と先生方が思ってる自分にはズレがあると思うんです。だから、ある種対外的に見た自分こそ自分だなと思うところもあって、こういうメタ認知的な視座をもてるようになったと思いました。

船　野：私も、就活の時に多くの企業さんから「本当にメタ認知力が高いよね」という言葉をいただきました。それは多分高校の時に自分が何で今ここで壁に感じているのかとか、今なんでワクワクしてるんだろうとか、考えるきっかけになる問いかけを先生からたくさんいただいたからだと思います。おかげで、自分に向き合う機会が他の普通の高校生より多かったのでしょう。メタ的に考えることができると、仕組み・構造・背景・概念など実は自分のいろいろな経験と似ていることに気が付けました。

梨子田：就職活動にどう役に立ったかという質問を次に用意していましたが、先に進んでしまいましたね。では鈴木くんの場合は就職活動にどう影響があったと思いますか。

鈴　木：複数内定をいただいたのですが、企業の格付けや世間の見栄のようなものに左右されないで、自分の中での確たる判断基準をもって選択することができました。自分の中にずっとある、どんな環境においても誰もが自分の可能性を見いだし、選択していける環境を創り上げることが１つ軸として自分の中にありました。これが選択の決め手になりました。

梨子田：高校時代から続く活動や思索を経て自分軸が出来上がっていったということですね。最後になりますが、なんのために探究をやるか、高校生に一番近い福田さんに聞いてみるのがいいでしょうか。

福　田：私は、高校時代に探究活動に出合って、やりたいことが明確だと生きているのが楽しいということに気が付けました。私は1年生と2年生の時は帰宅部で特にやりたいこともなかったので、ただふらっと生きていたんですけど、プロジェクトに出合ってからは「次こうしたい、ああしたい、次どう動こう」という思いが出てきて、これがモチベーションになって生きているのが楽しいというか…。

梨子田：生きているのが楽しい、ってすごい言葉ですね（笑）。

福　田：私は最初没頭できるものがなかったので、「何のために探究するのか」と聞かれたら、「私は自分がやってて一番楽しいことを見つけるために、探究をしている」と答えるのかなというふうに思います。

梨子田：今福田さんと話して感じますが、プロジェクトで何か大当たりをした生徒たちの共通点は、自分の疑問に思ったことをまっすぐプロジェクトにした。みんな何か自分の中に種があるんだよね、人から蒔いてもらった種ではなくて。教員の仕事はその種を一緒に探すことかな、というのは大切なことですね。

酒　井：今日皆さんの話を聞いて、探究活動で育った力が高校卒業後でこそ生きることを改めて感じています。教員としてこれから大切なことを皆さんに教えてもらいました。ありがとうございました。

2

対談から見える探究活動の意義

「理解」から「解釈」へ

何のために探究活動をするのか。問われる場面は多いですが、なかなかよい答えを出しにくい問いです。高校時代を探究活動で走り抜けた大学生たちとの対談では、実体験の裏付けをもって語られた力強い言葉が多く、この問いに対して参考になるものが多いと思います。この場で再度整理してみましょう。

まず、鈴木くんの指摘する「理解と解釈の違い」は重要です。教室での授業は得てして「理解」にとどまりがちですが、学問や実社会の中で有用なものにするにはそれを「解釈」

に変えていく必要があります。

例えば、「資本主義」であれば、教室で学んだ私有財産制や競争原理、景気変動や経済格差などその特徴や問題点などの「理解」だけでなく、それが現実の社会でどのような現象や問題を生んでいるのか貧困やリサイクルなどの探究活動を通して自分なりの「解釈」を与えてはじめて自分の思考や行動の決定軸となる価値観の一部になっていきます。

昨今「学校で習ったことは役に立たない」と知識偏重を批判する声が聞こえてきますが、そうではなく、学校教育における知識が「理解」にとどまり実社会という生きた文脈の中で生きて働かないからです。しばしば探究活動は知識偏重学習を否定するものとして捉えられがちですが、そうではなく、むしろ「理解」にとどまる表面的な知識に「解釈」という文脈を与えて生きた知識に変換していくための学習であり、平素の学業を補完するものなのです。

こうした側面は対談の中で船野さんが指摘する「『教養の旅』ともいうべき自分事となるインプット」という表現にも表れているといえるでしょう。

「判断」「決断」を鍛える

さて、引き続いて「決断に納得感をもてるようになった」という船野さんの指摘に注目しましょう。判断や決断については、

「あらゆる決断をしっかりとした考えのもと自分の意思で選択して進める」（鈴木）

「自分で選ぶことを鍛える授業だった」（福田）

といった表現で他の二人も指摘しているように、探究活動によって養われる顕著な行動変容です。探究活動の伴走をしていると、ある時点で生徒が走り出し教員の主導権を奪っていく瞬間があるのですが、そういう時は自分で考えて自分で決め行動するというプロセスを体得した時なのだと思います。

こうした行動変容を促したい、というのは多くの教員たちの願いではあると思いますが、探究活動だけにそれを求めるのは難しいものがあります。現代の学校生活は細かいルールやルーティーン化されたものが多く、日々の生活で生徒自身が判断をする機会があまりないように思います。探究活動だけでなく、様々な判断場面を生徒に返していく学級経営や

学校経営にモデルチェンジし、判断や決断に強い生徒を学校全体で育てていくことが必要でしょう。その核として探究活動を位置付けていきます。

最後に、福田さんの「やりたいことが明確だと生きているのが楽しい」という言葉でまとめたいと思います。

目標をもって取り組むことが、学業、部活動を充実させることに異論はないかと思います。ただ、受験や部活動がなかなか実社会へと接続させにくいことに対して、探究活動はそのまま実社会へと繋がっていきます。実社会の中で「次こうしたい、ああしたい、次どう動こう」（福田）と試行錯誤する中で、自己理解を通して自分軸を確かめ、社会参画していく喜びを心で感じ、産みの苦しみや変革の難しさを肌で触っていく。こうしたところに探究活動に取り組む意義があるのではないでしょうか。

就職活動で、ありきたりな志望理由や「ガクチカ」ではなく「社会において自分が果たすべきミッション」を堂々と語る船野さん鈴木くんの二人の姿からも、そう感じられました。

（梨子田　喬）

終章

探究が進む
全国各地の学校づくり事例

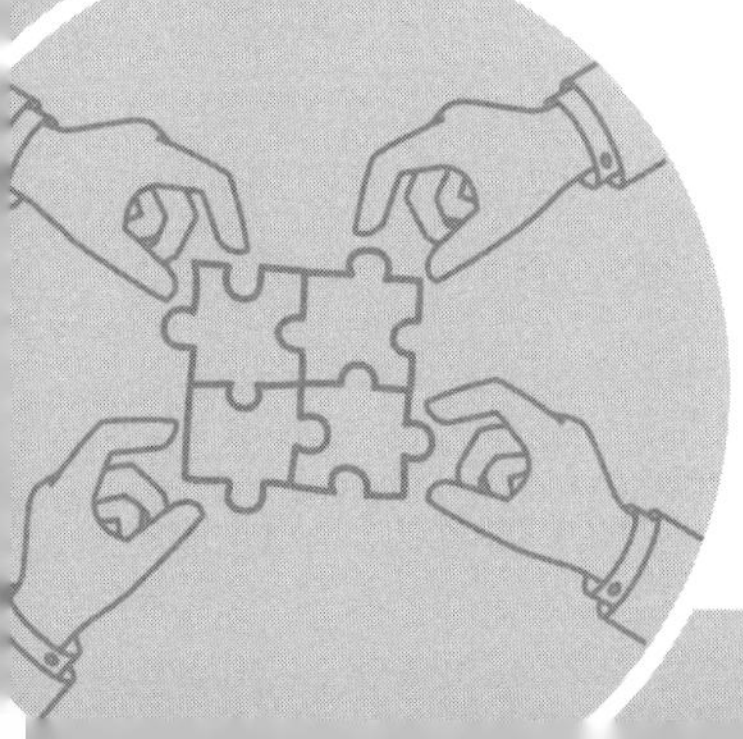

CASE 1

探究学習を学校文化にするためのチームづくり

福島県立ふたば未来学園中学校・高等学校　林　裕文

探究学習を学校文化にするための要素

本校は東日本大震災と原発事故の後に被災地域に新設された学校で、創立9年目の学校です。「震災と原発事故という前例なき複合災害を乗り越えて新たな地域社会をつくるためには、前例なき教育が必要」というスローガンのもと、「未来創造探究」という探究学習が学校カリキュラムの軸となっています。現在では探究学習の視察のために教育関係者が年間200人以上訪れる学校となりましたが、最初から探究学習が学校文化として定着していたわけではありません。そのように変わっていったきっかけについて、①ルール、②ツール、③ロールの3つの観点から分析してみようと思います。

①　ルール（理念・ミッション）

開校当時から複合災害を乗り越えるためには、「自分を変え、地域を変え、社会を変えるための『変革者』を育てる」という明確な学校の理念やミッションがありました。しかし、学校の教育活動を通じて育成したい生徒像は存在していませんでした。そこで、開学初年度の4月に着任した教員たちがまず行ったことは、育てたい生徒像を人材要件ルーブリックで具現化することでした。多くの先生にとって、ルーブリック策定に関わる機会はほとんどないと思いますし（学校の歴史が古ければなおさら）、理念やミッションは一度つくられた後は見直しされる機会はあまりありません。**重要なことは、学校の理念・ミッション・育てたい生徒像は常に教員に共有され、その学校で行う教育活動とどのように結びついているのかを議論するプロセス**です。特に、学校で育てたい生徒像や資質・能力は探究学習に限らず、各教科でもどのように育成するかを定期的に見直していく必要があります。見直すこと自体が目的ではなく、むしろこの議論を通じてアイデアが創発されます。

また、繰り返し議論を重ねていくと、理念やミッションが教員間で「共通言語」化されていきます。このことが教員集団のマインドセットづくりに大きな影響を与えます。

②ツール（探究のための組織・道具・仕掛けづくり）

未来創造探究は全学年とも同一時間帯に設定されており、全校生が一斉に探究学習を行い、全教員が探究を伴走します。全教員が探究に関わる校内体制をつくり、全教員が3カ年（中高6カ年）の探究学習の指導計画を見通して探究の指導をしています。本校での探究学習での大原則は「教員個人が一人で悩みを抱え込まない」ことです。そのため、本校の探究学習ではチームで探究を行うためのツールを大切にしています。

探究学習のチームの中核となってカリキュラムの研究・開発を行う分掌が企画・研究開発部です。学校の教育カリキュラムの軸となる探究学習と教科の往還関係を構築するための授業開発や海外研修・国内研修の設計、外部の各種発表会・コンクールの取りまとめ、進路指導部や各学年との調整などを行います。その他、探究学習で必要な教材（探究ノートや問いづくりのためのシンキングツールなど）を企画・研究開発部で作成し、学年担当者と相談しながらマイナーチェンジをして使用します。担当者任せにしないようにします。

また、教員が生徒の探究で困った時に気軽に相談できる体制を大切にしています。各ゼミに対して3～4名程度の教員チームをつくり、週一度のゼミ教員のミーティング（以下、MTGと省略）を行います。他にも企画研究開発部の定例MTG（週1回）や各学年のゼミMTG（1～2ヶ月に一度）などの複数の会議を教員間の空き時間に設定しています。一見とても会議の時間が増えて、働き方改革に逆行する動きに見えます。そのゼミMTGはほとんどが生徒のケース会議（生徒の次の打ち手を考えたり、教員の探究の指導上の悩みをゼミで共有したりする）のため、一人で悩む心理的負担感を大幅に軽減できる上、複数の教員がチームを組むことで生徒の探究に対して多角的な視点をもつことができます。

③　ロール

探究カリキュラムを考える上で、教員が生徒の伴走支援を効果的に行うために、生徒の探究の進捗状況に合わせた働きかけが必要であると考えています。生徒が問題発見・課題設定をする段階、現状分析・探究のリサーチクエスチョンをつくるための調査アクションを行う段階、課題解決のためのアクションの段階と3つの段階に応じて教員の役割を変化させていく必要があるという仮説を立てて、「伴走の探究」をしてきました。そこで、教員に与えられたのは４つの役割です。

1）インストラクター・ティーチャー

これから始まる探究の見通しを立てる支援や教員の知識や経験による支援を行います。この知識は生徒の探究学習の内容に対する知識の伝達ではなく、問いを出すためのツールを教えたり、参考文献を当たっていくための方法を教えたりなど、手法を指導します。

2）ファシリテーター・コーディネーター

生徒が設定した問いをリサーチクエスチョンまで深めるためには何度も「問いの更新」が必要です。そのため、生徒の気づきを促して思考を深めるための支援や振り返りの意味付けの支援などを行います。また、教員による外部リソースとの接続による支援も重要な役割です。特に、地域の課題解決型の探究では地域の方々との出会いがとても重要です。教員一人がもつ人的リソースには限界があるため、組織として学校と地域の人材が連絡を取れるようにコンソーシアムを組む体制づくりが有効です。

3）メンター

生徒が探究を自走できるようになってきても、探究が行き詰まることや高校生だけでは実行が難しい局面もあります。このような時に生徒を応援し励まし続けます。

4）新たな役割…ジェネレーター

開校から9年間の取り組みの中で、『変革者』を体現する生徒も現れ始めました。探究で大きく成長した生徒たちに伴走した教員の働きかけを分析してみると、前述の3つの役割では収まらない働きかけがありました。教員自らも生徒の探究プロジェクトに主体的に参加する関わり方で「ジェネレーター」と位置付けました。市川力・井庭崇『ジェネレーター』（学事出版）で紹介されていますので参照してください。

教員は生徒の探究の進捗に合わせて役割を変えて伴走すべきという仮説に対して、仮説通りにいかない伴走の形が見えてきたため、次のページの表のように整理し直しました。段階に応じて役割が変わるのではなく、4つのロールを駆使しながら**より効果的なロールを発揮する局面がグラデーションで現れる**（色の濃い部分）ということです。もちろん、一人の教員が4つの役割を生徒の状況に応じて使い分けることが理想ですが、教員にも教

未来創造探究　探究ステージに応じた態度の変容と、教員のロール・関わり

生徒の探究Ｓｔａｇｅ／教員のロールと関わり	Ｓｔａｇｅ1 問題発見 課題設定	Ｓｔａｇｅ2① 現状分析	Ｓｔａｇｅ2② 解決仮説	Ｓｔａｇｅ3 解決アクション①	Ｓｔａｇｅ3 解決アクション②	Ｓｔａｇｅ3 解決アクション③	Ｓｔａｇｅ4 考察・論文作成 進路実現
ティーチャー・インストラクター（答をもっていて教える）	▼見通しを立てる支援 ▼教師の経験・知識による支援						
ファシリテーター・コーディネーター（引き出す・繋げる）	▼気づきを促し思考を深める支援 ▼外部リソースとの接続による支援 ▼振り返り・意味付けの支援						
ジェネレーター（生成的な参加者：Generative Participantとして協働する）	▼創造性を誘発させる支援						
メンター（精神的にサポートする）	▼勇気付け・応援 ▼個の状況に応じたサポート						

科の専門性や得意・不得意など様々な個性があります。その教員がもつ個性を最大に発揮するために機動的で重層的なＭＴＧをする体制が要諦です。

これまで教員の４つのロール（役割）を紹介しましたが、このロールは教員だけが担うものではなく、地域の方や大学教員などと役割を分業することも効果的です。例えば、地域の方の話は、生徒のモチベーションを高める素晴らしいメンターになりますし、大学教員は先行研究をよく知る優れたインストラクターになります。そのため、外部人材を効果的に活用するためには、３カ年計画の中のどこかのタイミングで「出会わせる」をカリキ

ュラムに明確に位置付ける必要があります。

私は「探究学習が学校文化になるとはどのような状態か？」という問いに対して、「立ち話で探究の話ができる状態」という暫定解をもっています。学校にはそれぞれの学校文化があり、模試の成績や生徒指導についての話題など職員室では日々様々な会話が聞かれます。定例のMTGも大事ですが、立ち話から何かワクワクする新しいアイデアが創発される、それぐらいカジュアルに探究学習の話ができる状態が理想的だと思います。実際、立ち話から新たなアイデアが生まれた例は数多くありました。

そのくらい探究学習に繋がるヒントは至るところにありますし、教員がそれを常に拾うためのアンテナを張っているマインドセットをもてる状態が、「学校文化」と呼べるのだと思います。

※具体的な探究の取り組みについては当校のHPを参照ください。(https://futabamiraigakuen-h.fcs.ed.jp)

POINT

・探究学習が学校文化になる状態＝探究に関するルール・ツール・ロールが三位一体。
・4つの役割（ロール）を意識し、自分ができないことは他人に任せる。
・機動性のある情報共有。最高のミーティングは「立ち話」。

探究による学校の教育力向上を体現している学校

ふたば未来学園は総合的な探究の時間を核としたカリキュラムマネジメントの実現、そして探究による学校の教育力向上を体現している学校です。林先生はルール・ツール・ロールの3つで整理されましたが、学習する組織の実現においては、この3つが機能することが大切だということを教えてくれる事例です。育てたい生徒像をみんなで議論・共有する場をルーブリックの見直しという形で実現し、総合的な探究の時間の指導にあたってはこれまでの実践の蓄積による教材があり、指導する教員が一人で抱え込まないように少人数でのチームで指導できる体制を構築する。ノウハウを求めるべきではなく、どこかの学校の事例を自分たちの学校に合う形で取り入れることが大事であることは間違いないのですが、ふたば未来学園の実践はノウハウとしても素晴らしいものが含まれています。

もちろん理想的な組織は存在せず、学校は教員も生徒も変わります。これからのふたば未来学園がどのように成長されていくのかについては、今後ますます注目することが必要でしょう。

実践から見いだされた教員の新たな役割

生徒の探究活動への伴走の難しさが言われます。確かに教員が出すぎてもいけないし、放任になってもいけません。これに対して、ふたば未来では「生徒の探究の進捗に合わせて役割を変えて伴走すべき」という仮説を立て、そこから「生徒の段階に応じて役割が変わるのではなく、4つのロールを駆使しながらより効果的なロールを発揮する局面がグラデーションで現れる」ということを明らかにされています。教員自らも生徒の探究プロジェクトに主体的に参加する関わり方である「ジェネレーター」という役割を明らかにされたこととあわせて貴重な知見です。

管理か放任か、教えるのか支援するのかなど、教育現場では生徒の実態を見てバランスで語られるべきことが二項対立で語られがちです。生徒の探究活動への伴走についても同じです。今求められているのは、ふたば未来学園が明らかにされたような知見です。先駆者としてのふたば未来学園の存在の大きさに敬意を示しつつ、多くの学校でよりよい伴走が探究される時、日本全体の教育水準も向上することでしょう。（酒井）

CASE 2

①次世代の教育にチャレンジ「探究科」と「創造コース」

追手門学院中学校・高等学校　辻本義広

ご縁と繋がりからのアンラーン

教育的手法に絶対的な正解はありません。しかし、力で抑える、危機感を煽るといった強制的な手法（学びの苦行化）といった自分のやり方に違和感があり、様々な課題に直面した私は、学外視察に出かけ様々な方とのご縁をいただきました。今でも大きな財産となっています。そこで、学びの個別化、協働化、プロジェクト化、リフレクションの4つを融合する考え方に出合い、自分の中の当たり前が崩れ、見直す機会となりました。それらが独立して行われるのではなく、融合するというところが重要です。そこからアクティブラーニング型授業や外部コンテンツを用いた探究の授業を取り組むようになりました。

実践なき理論は机上の空論、理論なき実践は無謀

私が、学校全体の取り組みとして広げようとした時、不安に感じる教員も多く、何をやってよいかわからない、同じようにやったがうまくいかない、あのクラスだからできるのでは、あの先生だからできるのでは、成績が上がらないといった言葉が飛び交うようになりました。二項対立が起こったのです。how to中心の理解での実践にとどまり、何のためにといった本質的な理解がないまま時間が過ぎていきました。教科の授業と同じ感度で当事者意識をもち取り組むことが難しかったのです。その結果、二項対立も解消されることもなく、イノベーションを起こすこともできませんでした。実践なき理論は机上の空論、理論なき実践は無謀であることを痛感しました。

そこで、2019年度に英語科・数学科と並ぶ教科の1つとして、探究科を創りました。そのチームで学びの協働化、プロジェクト化、リフレクションの融合の象徴的なものを創り、組織をけん引していくことにしました。現在、探究のみを担当する教員が4名、自身が免許をもつ教科と兼務している教員2名の計6名が所属しています。

探究科と探究の授業O-DRIVEのコンセプト

探究科の教員は、各学年のプロジェクトの責任者を担っています。各プロジェクトは、「まずやってみる」を合言葉に、インプット↓アウトプット↓シェア↓リフレクション↓意味付けの流れでデザインされています。また、全体を通して、自分の中から出てくるもの、人との協働で出てくるもの、それらを社会に対してどう展開をしていくのかが肝になっています。

中1から高1までは、何事に取り組むにも「まず自分を知る」ところから。自分が唯一無二な存在であることを知ることを目標に、自分のよさや可能性を認識すること、自分の在り方・生き方を考えること、自分にしかないものを発見することを目指しています。人は見えているものをすべて見ているわけではありません。そんな当たり前に目を向けるところから始めます。自分の五感には既にバイアスがかかっていることに気づき、まだ見えていない漠然としている新たな自分を発見してほしいという願いを込めています。高2では、その個を集めて、他者を尊重する、違う価値観の他者と協働して課題解決をする、新しい価値を創造することを目指し、身近な課題や企業課題、地域課題に取り組んでいます。

創造コースのプロジェクトの取り組み

カリキュラムの中核に探究・プロジェクト型をおくことを実現すべく、２０２２年度に創造コースを設置しました。

高１におけるプロジェクトテーマは「真」「アンラーン」です。

教科授業においても、本当に○○は正しいのか、本当に○○のことを知っているのかを共通の問いとしてプロジェクトが行われ、各教科で学んだことや捉えたこと、気づいたことを統合するために、コースとしてのプロジェクトが定期考査期間中に行われます。

２０２３年度は、疑うことの大切さや当たり前を手放す必要性に関して、自分なりの解を見つけ、プレゼンすることやアートを用いて表現することをしています。

高２におけるプロジェクトテーマは「善」です。２０２３年度は、デザイン思考の考え方を使った、アントレプレナーシップ教育を通して「善」「良い」を捉えることをしています。

CASE 2

②探究科と創造コースが大切にしていること

追手門学院中学校・高等学校　辻本義広

「アウトプット」「授業デザイン」へのこだわり

授業を組み立てるにあたって、または生徒との関わりの中で大切にしていることを紙面の関係上、5つに絞って紹介をさせていただきます。

1つ目は、アウトプットの方法です。プレゼンも数多く行いますが、自分の価値観やものの見方、感じたことなど、見えていないものを可視化し伝えるために、石やお面、ファッションショー、ピクトグラム、コラージュ、動画、音などアートを用います。自分の感情や気持ちを言語化することは難しく、周囲の目が気になることや正解を気にするあまり、書けないことや当たり障りのない文言になってしまいます。アートをはさむことで、自身の表現方法の1つを得ることができると同時に、個人ではなく、作品に焦点が当たることもメリットの1つです。どうしても言語化すると評価してしまいがちです。正解のないアートを用いることで、生徒たちは評価することが困難で自己開示しやすくなります。

2つ目は、「経験」→「リフレクション」→「気づき」を意識したデザインです。特にリフレクションについては重視しています。まずやってみる経験、本物に触れる経験、当たり前を疑う経験、協働や越境（クラス間・学校間・学校種間・異業種間・国家間）の経験を通して、感じたことや気づいたこと、考えたことなどを記述させ、次に繋げ自分の在り方を主観的かつ俯瞰的に振り返ります。そして、多様な考え方や感じ方に触れるために、他者の感じたことや気づいたことを次の授業の最初に全体で共有します。

3つ目は、チームで創ることです。教科会議や分掌会議は対話の時間として大切にしています。会議以外にも打ち合わせの時間を設けて、授業やプロジェクトの構築、進捗確認、ブラッシュアップなどを丁寧に行い、目線合わせや本質理解に努めています。この時間はベテラン、中堅、若手関係なく意見交換やコミュニケーションが取れる大切な時間となります。授業デザインを相談しながら創る、探究以外の授業においてもそうしたいものです。探究科所属の教員は、探究がメイン教科になることで、負担感は否めないですが、当事者意識や責任感をもって取り組むことができています。チームで時間をかけ、対話を重ねることで、深めることや広げることができるようになりました。

4つ目は、教員が本当にやりたいことを重視することです。授業やプロジェクトにおいて、こんな風に生徒を牽引・誘導していこうとするとうまくいきません。まず教員が楽しいかどうかを大切にしています。まず前に立つ教員が楽しんで授業を行うことが大切です。

5つ目は、待つことです。指示やアドバイス、具体例を出しすぎることがあります。評価や授業時間数を意識することで、完成させることを優先させてしまう傾向があります。また、成果物のクオリティが重視される傾向もあります。生徒たちが自分をどう表現するかの邪魔をしないような存在を目指し、生徒と接する上で見守ること、待つこと、押し付けないこと、喋りすぎないことを大切にしています。どういう過程を経てそこに行き着いたのかを意識し、その中で得た気づきを成果物より大事にしてもらいたいと考えています。

今後の課題「チームから組織全体へ」

学びの協働化とリフレクションの融合を教科主任が主体となって底上げを図り、学びの協働化・プロジェクト化の融合を探究科と創造コースが牽引する。そして、将来的には自由進度学習などの学びの個別化と融合させることが目標です。時間をかけ緩やかにかつ確実に学びの在り方を転換していくことが、今後の大きな課題となります。

チームから組織全体への仕掛け、結局のところ1 on 1の対話しかないというのが今の結論です。実践を共有するための内外の研修や視察、ワークショップを通して実際に体感する内外の研修なども必要です。しかしそれだけでは二項対立が起こります。何のためにの部分よりもhow to中心の傾向になることも懸念されます。なかなか当事者意識をもつこともできません。ビジョンも含めた考えや思いなどを問いの形で投げかけ、相手の考えや心配を聞き出すしかないと思っています。創造コースの授業担当者を増やすことなど教員もまずやってみて気づくしかないと思います。自分の言葉で語り、楽しんで取り組み、生徒たちの表情や変容などを感じる感度を高めることが大切です。管理職やミドルリーダーはそのチャンスを与え、時には率先垂範も大切かもしれません。時間のかかることですが、論理的な部分は大切にしつつも、先生方の感情的な気持ちの部分とのバランスを大切にしていきたいと考えています。

これから注目すべき大きなチャレンジ

次世代への教育にチャレンジされている事例です。探究科は公立学校にも導入され始めていますが、追手門学院は私学としていち早くその具現化に挑戦されました。

学校を変えるということを考えた時に、新たな科の設置など挑戦をしやすいチームをつくり、そこでの知見を全体に広げるという方法もあります。文科省指定事業の多くはこの考えによるものです。追手門学院の探究科は学校全体を変えるためのステップとして、教科の1つとして探究科をつくり、探究科のみを担当する教員の配置、探究科での学び方の変革など、挑戦をしやすいチームで大きな挑戦をされています。

もちろんどんな取り組みにも長所と短所があります。大きな挑戦だからこそ、今後それを全体に広げる際には大きな困難が伴うでしょう。しかし私学だからこそこうしたことに挑戦しやすいとも言えます。追手門学院のこれからの取り組みに注目が必要ですし、そこから学べることは多いことに間違いありません。

アウトプットや授業デザインにこだわる

探究科ではアートでのアウトプット、経験→リフレクション→気づきを意識した授業デザインをされています。同時に対話の時間を大切にしてチームで創ることを意識されています。学校ではどうしてもカリキュラムの授業時間数に注目してしまいがちですが、学び手にとって重要なのはアウトプットや授業デザインです。教員のチームづくり含めて、探究科の取り組みが、教員の学びの場としても価値あるものになっているように感じます。探究科を経験する教員が増え、こうした学びやアウトプット、教員としてのチームづくりが今後学校全体に広がっていく際に、たとえ授業時間数は従来通りでもその中身は大きく変わっているだろうことが推測されます。

そして「教員が本当にやりたいことを重視する」という辻本先生の管理職としての視点は素敵だと思いました。ＷＩＬＬからすべてがつくられていくということを改めて感じています。探究科の取り組みはその学校だからできると見られがちですが、そうではない普遍的な部分に注目して読んでいただきたい事例です。（酒井）

CASE 3

①生徒の卒業後に繋がる学びを目指して

立命館宇治中学校・高等学校　前川哲哉

自分の経歴や探究への思い

立命館宇治中学校・高等学校は、2018年度よりカリキュラムの核としてコア探究（総合的な探究の時間の学内呼称）の取り組みを始めました。生徒のマイテーマを進めることでキャリア教育の視点を重視していること、学年で運用し、教員も生徒とともに成長することをねらいとしていることなどが特徴です。

コア探究が始まって6年目になり、取り組みの質が向上するのと同時に、初期とは違う課題も明らかになってきています。この章ではコア探究を一通り経験し、現在は学年主任としてチームづくりを担う、前川・吉留の2名が、現状や思うことを述べます。

私は2021年度に高1のIGコース担任となりました。その時は別の先生が探究の担当者として学年をリードしていました。打ち合わせの時間が十分でなかった時もあり、自分も関わろうと思いつつ、どう関わっていいかわからなかったのも事実です。もちろん、自クラスへの最低限の動機付け、生徒が理解をしてなさそうな部分についての説明のし直しなどは実施できました。

2020年度からは学年主任となりチームを引っ張る立場になりました。その難しさを感じながら様々な取り組みを進めています。

探究に見る生徒の成長

探究の授業では、座学では見ることができない生徒のよい側面と出合えます。例えば差別問題に取り組んでいる生徒がいます。クラブにも力を入れている生徒ですが、ある時、「何でこんなに自主的に動くことができるの？」とふと質問をしました。生徒の返答は、「元々興味はあったのですが、自分たちが行動して、いろいろな人と関わっていく中で関心が高まるとともに、自分たちだけの問題ではなくなってきて、責任というかやり切らないといけない、そう思うようになりました」と答えてくれました。社会課題を自分事として捉え、周りのサポートを得ながら責任をもってやり切ろうとするその姿勢に、私は自分の生徒ながら感動を覚えました。

探究の授業で生徒に伴走する場合、生徒が興味を抱く問題について討議することで、深堀りができ生徒の考え方や価値観を知ることができます。それは探究だからこそできる、探究の授業の醍醐味ではないかと感じ、現代の学校教育で大変重要な部分であるとも思います。高校での探究の学びが成功体験であっても、失敗体験であっても、大学での学びに肯定的に繋がると確信しています。一度行動を起こしたことがあるという経験をもとに、高校卒業後、各自の興味関心に基づいて生徒は自走することができます。その時、高校での成功体験や失敗した経験をもとに、物事を多角的に見ることができるはずです。

これから取り組みたいこと

私は、互いに認め合う、支え合えるチームづくりをしたいと思います。学校も含めて組織は大きくなると、職場の関係性が希薄化し、互いに「見えない化」します。学校では様々な企画立案がされますが、そのどれもが誰かが気持ちを込めて進めているプロジェクトです。であるならば、その気持ちを大切にしながら、否定ではない改善案を示すことができる集団になりたいと思います。

探究の中で生徒に「現状を1㎝でも改善するために〝あなたは〟どんな行動ができますか？」と問うているように、現在高校3年生の主任で、卒業まで残された時間が少ない今、〝私は〟学年主任という立場でどのような行動ができるのかを探究していきたいです。

POINT

・事前の情報共有で教員間の方向性と動機を高める重要性を痛感。
・生徒に火がつくことを見通して待つ。
・生徒の探究の成功体験も失敗体験も大学での学びに寄与。

CASE 3

②0から1を創り出す力を育てる

立命館宇治中学校・高等学校　吉留一貴

自分の経歴や探究への思い

私の教員生活は中学からスタートし、2020年度から高校担任としてコア探究にはじめて関わり、3年間担任としてコア探究を指導しました。私は中学で担任として道徳や総合学習を指導していたこともあり、コア探究の授業に対して特に抵抗はありませんでした。生徒全員がスムーズに探究が進むことはありません。しかし、生徒が外に目を向け、自分の興味関心のありかを知れるのは、コア探究の大きな役目であると感じています。これからの社会を生き抜くために必要な「1」を「2」にするのではなく、「0」から「1」をつくり出す力、それがコア探究に詰まっていると確信しています。

プロジェクトを立ち上げアクションを起こす

私は高3コア探究でプロジェクトを進める生徒たちを担当しました。社会課題に目を向けて自分たちから解決に向けた発信をすることは、今の生徒たちにとって社会を自分事として捉える非常に大事な視点であると思います。私は生徒との関わりでは助言やアドバイス程度にとどめ、サポート役に徹しました。失敗も含めて自分たちで思考し行動するから得られることがたくさんあると考えています。

私が関わっていたプロジェクトの1つに、材木屋から出る廃材をリメイクして商品開発をするものがありました。自分たちで材木屋を回って現状を調査し、自分たちに何ができるかを考えて行動したプロジェクトです。最終的に、コースターや鍋敷き、まな板を制作し、本校の文化祭や宇治市のフリーマーケットに出店をするところまでアクションを起こしました。プロジェクトのよいところは、実際に肌で社会課題を感じることができることです。これは論文や書籍では感じることが難しいです。高校生ができることに限界はあるかもしれませんが、コア探究の実践がこれからの大学の学びに繋がり、机上だけではない、リアルな現状を感じることができると感じています。生徒たち自身も社会の一員として貢献できたという体験をすることで、より一層モチベーションが上がるのではないでしょうか。

学年主任としてコア探究をどう進めるか

2023年度から高校1年の学年主任を務めることになり、コア探究をマネジメントする側になりました。私よりも経験豊富な先生もおられるので、大枠のみ全体で共有し、そこに先生方の経験やエッセンスを加えていただいて、先生方らしい形で進めていただけるようにということを考えました。しかし、これは一歩間違えると担任への丸投げとなります。全体で揃えることと個々の工夫のバランスが非常に難しいところです。また、コア探究という授業への理解や重要性の実感も、先生方によって異なります。ここの擦り合わせからとても重要です。余裕をもって、先生方に授業内容を共有しようと心掛けていますが、共有が直前になったりすることが多々ある現状について、学年主任としての難しさと、自分の力量のなさを痛感しているところです。

これからのコア探究を考える

コア探究の授業を3年間指導してきて感じる課題もあります。社会課題に目を向けて自らテーマ設定をして探究する際に、知識や理解も必要です。テーマによってはより専門的な知識が必要となります。「0」から「1」を生み出すためにも、まずは知ることが大切です。また、知っただけで終わらず、行動に繋げていく必要があります。この知識と行動をセットで育てるバランスが大切だと思います。さらに生徒が受け身にならないように、マインドも指導することが大切です。最後に指導する教員集団づくりです。先生方が同じ方向を向いてそれぞれの強み、経験を発揮し、様々な視点から生徒たちにアプローチできる集団づくりを心掛けていきたいと思います。

POINT

- 探究には0から1を創り出す力を育てる要素が詰まっている。
- 知識と行動をセットで育てるバランス感覚が重要。

取り組みは次世代に受け継がれる

歴史を見ると二代将軍は難しい役割です。会社でも創業者の次は大変です。学校でも同じことは多いのではないでしょうか。学校全体で何か新しい取り組みが始まった時に、それを次の世代が受け継ぐというのは簡単なことではありません。その理由として、やり方だけが受け継がれやすく思いの伝承が難しいことや、見えなかった課題が徐々に明らかになることなどがあります。この章は少し前に始まった取り組みを、学年主任としてバトンを受け取った若手・中堅教員が実践する事例という点で貴重なものです。

前川先生は探究での座学とは違う生徒の活躍に気づき、「自分自身やってみようと思うようになった」と言っています。吉留先生は「(探究の学びは)社会の問題や実態を肌で感じることができ実行できる」と言っています。これは二人が生徒に伴走する中で気づいたことです。二人が共通して「探究的な学びが大学以降に繋がる」ということも指摘しています。新たな取り組みは生徒の姿を通して次世代に受け継がれていくのでしょう。

チームリーダーとしての難しさと思いの大切さ

二人の事例からはリーダーとして探究を進めていく難しさも読み取れます。特に教員の温度差などはリーダーになった時に、その難しさに直面することかもしれません。予定を早めに立てて先生方に指導案などを共有することの難しさもあります。これらはどの学校でもリーダーが直面する課題でしょうが、こうしたリーダーをサポートするリーダー経験者の存在の必要性も示しているように思います。

苦労して進める際に支えとなるのは自分の思いです。二人とも生徒たちの姿を見て探究の重要性を感じるからこそ、取り組みを進めることができています。前川先生が言う「生徒の成功体験」、吉留先生が言う「どっちも大事だからバランス」。これらはすべての学校に重要なことでしょうが、彼らがリーダーという役割になったからこそ気づいたことかもしれません。自分が彼らの「こうしたい」という思いを、少しでもサポートできたらとも思います。（酒井）

CASE 4

生徒の市民性を育てる探究を目指して――有志の教員、生徒、保護者で繋がる

聖ドミニコ学園中学高等学校　太刀川祥平

学校教育における「義」は誰が守るのか

本項は、これから探究に取り組もうという学校や皆さんの背中を押すためのものです。「探究」という言葉が学校で取り上げられてからしばらく経ちました。しかしまだ「探究」に対する〝逆風〟もあるでしょう。その逆風を、（教員だけでなく）生徒や保護者で受けている人もいるだろうと筆者は想像しています。時に、その〝逆風〟は、我々の肉体や精神をもむしばんでくることもあり、多くの人は対立をしないように高校卒業までを過ごすこともあろうかと思います。しかし本項で紹介する「教育研究チーム」は、この逆風に対して、学校教育の「義」を守るべく立ち向かいました。生徒に獲得してほしい力、「学校

のあるべき姿」を考えました。本チームの様子が、皆様のエネルギーになれば幸いです。

ところで、本校はキリスト教の聖ドミニコ・ド・グスマンによるドミニコ修道会のモットーに基づいた学園です。本校の教育理念は「真理を求め、自由に生きる」です。一見、のびのびと育っているように見えます。しかし、子どもたちと関わっていると、学内独自の慣習に対して無関心・無批判であったりもします。教師からトップダウンで与えられた規則や考え方、生き方にまで疑問をもたないよう育てられているのではないかと疑いたくなる瞬間が多々あります。これは、「真理を求め、自由に生きる」とは言い難く、学校教育としてあってはならないことでしょう。これを打開するためには、現状に問題意識をもつ有志の教員や生徒や保護者で、学問を基軸にして改善に向かう他にありません。そして、次代を生きる子どもたちが、各教科で獲得しうる知識・技能、思考力・判断力・表現力で現象を客観的に分析し、権力や同調圧力などにも屈しない自分の意志と意思決定力をもつことができるような教科指導や「総合的な学習／探究の時間」を実施する必要があります。

次に、これに取り組んだ本校の組織である「教育研究チーム」について説明します。

教師の存在意義とは？
教科の学びを守る0円「教育研究チーム」

教育研究チームは、2022年度に発足しました。分掌としての扱いではなく、そして委員会としての扱いでもない、特別なチームです。しかも、活動資金は0円でした。発足時の主任が筆者で、本チームには若手の教員が配属されていました。元々、「21世紀型教育機構」という外部組織の連絡調整のチームでした。しかし、発足して1か月で「教育研究チーム」という名称で活動することにしました。はじめは、このチームではない教員からのイメージはよくなかったと思います（現在もよく思っていない職員もいるかもしれません）。急進的な筆者のやり方を指摘されたこともありましたが、「大人の1年間」と「生徒の1年間」は明らかに後者の方が重要であるので、いわゆる根回しはしませんでした。

ところで、名称を変更した理由は、近年の私立学校で見受けられる現状を鑑みてのことです。学校改革の名の下に、教科教育学研究がすっぽりと抜けている事例も少なくありません。その結果、主体の子どもたちが「どう学ぶのか」という視点がないのです。一方で、学校には必ず、このような現状に対して批判的に捉えている教員もいます。彼らと手を組み、教科教育学を基盤に研究し続け実践する集団であるべきであり、「学校での生徒の活動や教師の教育活動を、学術的側面から価値付けたり、支援を行ったりする団体として、「教育研究チーム」という名を上申しました。

本チームの想定通り、「研究」という言葉へのアレルギー反応を示す職員がいたことは事実でしたし、着任したばかりの若手が仕切ろうということに反対する教員もいました。しかも、私たちには活動資金もありませんでした。資金もないので、外部の団体から資金を獲得してくるしかありませんでした。本校史上、初の資金調達に乗り出します。幸いにも、２０２２年度は、東京都私学財団研究助成事業において三本の研究が助成対象となり、その中から、財団賞を受賞しました。[1]そして、さらに研究し続けて模範になるべく、日本学術振興会の科学研究費助成事業奨励研究にも複数名応募しました。未来教育研究所の助成金の対象となりました。[2]２０２２年から２０２３年までに本チームのメンバーが行った研究発表・研究報告は10件を超えました。２０２３年度も、再び三本の研究が助成対

1　研究名：探究的な学習のデザインに関する研究―教科を横断した「授業研究」に焦点をあてて―【研究代表：土居嗣和】。
2　研究名：高等学校物理におけるベクトル概念の指導に関する研究【研究代表：越智拓也】。

象となりました。２０２２年度は、Institution for a Global Society 社が採択された「EdTech 導入事業」の一環として Ai GROW などの教育コンテンツの支援も受けました。助成金や支援を得られるようになったということも大切な成果なのですが、これらの助成金応募書類の中には、「研究計画書」の作成があります。これが、本校で取り組むべき研究課題を絞るためのよいきっかけでした。この研究計画書の作成が、有志の教員がもっていた教育への想いを揺さぶらせるとともに、教育学研究者の一人としての魂を震え立たせました。「教科教育学を軸足にした研究課題」×「教育への想い」が、短期間で改革へと向かわせた原動力でした。そして、教育研究チームは、流行りの教育ことばは使わず、「総合的な学習／探究の時間」の改革にも着手し始めました。

探究者／研究者としての背中を見せる
――大学のゼミ活動をモデルに

本チームは、本校の教育改革の目標として、「『生徒の民主性を育てる探究』のカリキュラムの構築」を掲げています。これと「総合的な学習／探究の時間」は、先にも述べた学校の現状に加え、「総合的な学習／探究の時間」に対して未だに多くの教員が誤った認識をもっていることに、我々が問題意識をもっているからです。皆様の学校にも、次のような考え方が流布していませんか？　これらはある学校の学園祭を取り仕切る教員の発言です。

①「総合的な学習／探究の時間」の展示は、調べ学習。学園祭はその紹介だけになっている。

②教科における探究の成果は、教科ごとの展示で行ってください。

③あくまで生徒の作品を展示する場所なので、教員の研究紹介については、控えてください。

さて、これらは、どのような感覚をもとにして湧き出たものなのか、本チームでは理解に苦しみました。何がマズいのでしょうか？

教育研究チームの初期のメンバーの見解は次の通りです。まず①について、学習観が「調べ学習」にとどまっています。学習はプレゼンして終わりなのでしょうか？　きっと、生徒には何も残らないでしょう。思い出に残るだけの「花火」のような学習です。次に、②は、「教科」と「探究」を分断して捉えていることです。教科にかかわらず、学校教育は、Interdisciplinary（教科等を横断する概念や汎用的スキル）（松原・高阪、2017）を目指して計画されるべきでしょう。最後に③は、学習が教師と生徒の間での相互作用で起こるということが踏まえられていません。しかも、教師も発表することによって省察が起こることが期待され、省察を通した力量の形成も期待できます。この省察的実践家（Schön,1983）としての側面も無視しているように捉えられます。

教員は多様であっていいとはいえ、このままでは時代は繰り返されてしまいます。本校の教育研究チームは、思い切って他校や大学と繋がり、生徒の民主性を育てる探究を実装することとともに、教師の力量形成の場も保障するため、総合的な学習／探究の時間を個人探究にシフトしようとしています。ついに、2023年度の高校1、2年生は実践を始めました。左記は個人探究の展望と方針です。

・幼稚園から高校までの12年一貫校であることを生かす。いずれは学年を跨いだ〝縦割り〟で行う。
・準備の負担軽減と教師の専門性を生かし、力量を形成できるよう、ゼミ形式で行う。
・ゼミは生徒が自由に選択し、学年の途中での転ゼミも可能とする。生徒が抱く研究の関心を尊重する。
・生徒には年度当初に全ゼミに共通したルーブリックを示し、適宜自己評価を行う。
・大学などが主催する研究発表やポスターセッションの場への参加を奨励する。校内でも発表の場を設け、質疑応答を通して、振り返る力、自己向上力を育成する。
さっそく成果も出ています。生徒たちの中には、ＳＳＨ／ＳＧＨ／ＷＷＬの課題研究成果発表会で発表をする機会を手に入れた生徒たちや、東京学芸大学とＯＥＣＤのプロジェクトにも積極的に参加をし、中心的存在になりつつある生徒たちがいます。その生徒たちが輝いているのが一番の成果です。

【参考・引用文献】
松原憲治・高阪将人（2017）「資質・能力の育成を重視する教科横断的な学習としてのSTEM教育と問い」科学教育研究，Vol.41, No.2
Schön.D.(1983)The Reflective Practitioner : How Professionals Think In Action, Basic Books

条件や環境は揃わないのが普通

吉田松陰が開いた私塾「松下村塾」は小さく、何も整っていない私塾でしたが、幕末より明治期の日本を主導した人材を多く輩出しました。同じ時期に施設設備や予算などが整っていた学校も多数存在したことを思うと、大切なのは環境などではないことを感じさせます。

この事例は、これから探究的な学びを進めていくという現在進行形の取り組みで、その中核は予算措置も何もない0円チームです。しかし資金調達も自分たちで行うその姿は「お客さま」ではなく「生産者」そのものです。私たちは（もちろん自分も）何かを進める際に「管理職が応援してくれない」「予算も何もない」「みんな協力してくれない」など、ついつい誰かのせいにしてしまいがちですが、条件や環境は揃わないのが普通であるということを忘れてはいけないのでしょう。太刀川先生の事例はこうした、絶対に忘れてはいけないものを思い出させてくれます。これからどのようにチームが育っていくのか楽しみです。

やはりチームが必要

環境などが整っていなかった松下村塾では塾生同士が同志として学びました。太刀川先生の事例にも「２０２２年度は、東京都私学財団研究助成事業において三本の研究が助成対象」と書かれていました。ここから少なくとも３つは助成事業に応募したことがわかりますし、これはチームとして取り組んだことも示しています。先ほど条件や環境は揃わないのが普通だと書きましたが、チームは必ずつくれ、人はチームだから頑張れます。チームで取り組むことの重要性を再度教えてくれる事例でもあります。

太刀川先生は総合的な探究の時間が、教科の学びと切り離されて、イベント的に扱われやすいことも指摘されています。また、教員が研究者としての背中を見せることの重要性も指摘されています。小学校や中学校の先生と話をしていると、高校の強みは教員のもつ専門性の高さであると感じることが多いのも事実です。私たちは教科の、そして教育の専門家であるということは改めて確認する必要があるでしょう。（酒井）

CASE 5

公立中学校でのプロジェクト型の探究への挑戦

京都府宇治市立黄檗中学校（宇治黄檗学園）　小西悠佑

黄檗中学校の課題解決型学習の取り組み

私が勤務している宇治黄檗学園は、小学校1年生から中学3年生までの9学年が同じ校舎で学校生活を送る施設一体型の小中一貫校です。本校は、令和元年から3年間、京都府教育委員会の事業「未来の担い手育成プログラム」の研究指定を受け、総合的な学習の時間を中心にプロジェクト型の探究である課題解決型学習（以降PBLと表記する）に取り組みました。黄檗中学校は、株式会社祇園辻利様から「世界中に日本茶を広めるためにはどうすればよいでしょう?」という探究課題をいただき、7年生（防災）、8年生（祇園辻利様との企業連携）、9年生（宇治市への提言）という流れで、3年間PBLを進めていきました。研究初年度は、「中学2年生が日本茶の課題を分析し、考えた企画（解決策）を祇園辻利様に提案することができるのだろうか？」と半信半疑でしたが、ＰＢＬを進めていく中で生徒たちの成長や変化を見ることができ、今では「中学生でもこんなことができるんだ！」という気持ちとともに探究の素晴らしさを実感しています。何もわからない試行錯誤の日々でしたが、ＰＢＬを進める中で大切にしてきたことを紹介したいと思います。

ＰＢＬは、私たち教員が学生時代に経験したことのないものであり、私たち教員にとって、「ＰＢＬをどのように進めていくのか？」が探究そのものでした。生徒とともに新たなことに挑戦していく中で、教員全員が共通認識をもつためにオリエンテーションから始めました。どうして探究的な学びが必要なのか？この学習の目的やゴールは何なのか？この学習を通してどんな力が身に付くのか？など、学年の教員全員で考えました。オリエンテーションを通して、ＰＢＬの目的と学習のイメージ（見通し）をもつことができ、スムーズにＰＢＬに取り組むことができました。また、学年の教員全員でオリエンテーションを行うことで、「みんなで取り組もう！」という前向きな雰囲気づくりができ、ＰＢＬを主体的に進めるきっかけになりました。

ＰＢＬを進める重要な要素として、課題を自分事として捉える当事者意識が挙げられます。生徒自身が課題に対して当事者意識をもつためには、体験活動（校外学習）をどのように生かすかが鍵となります。体験活動（校外学習）は、情報収集や課題の分析・比較、アイデアの発想など、ＰＢＬにおける様々な視点で有効です。特に、課題に対して実際に悩まれている大人と出会うことが生徒たちの「なんとかしたい！」「自分たちがこの課題を解決して力になりたい！」というＰＢＬへのモチベーションに繋がります。本校でも宇治市役所職員による講演や、体験を目的とした校外学習、情報収集を目的としたフィールドワーク、高校生のプロジェクト発表などの体験活動（校外学習）を企画、実施しました。生徒たちは実際に体験したことやその道のプロから聞いた情報をプロジェクトに生かし、よりよいものにしていました。学校内だけでなく、学校外での学びの充実（外部機関との連携）がＰＢＬを加速させる方法の１つだと実感しています。

中学校では総合的な学習の時間を生徒とともに進めていくのは担任が中心ですが、ＰＢＬでは担任以外の教員のサポートも必要不可欠です。学年の会議で進捗状況や次回の進め方のポイントの共有はもちろん、日々の生徒の取り組みを共有することを意識しました。担任は自分のもち味（教科や得意分野など）を生かしながら生徒と一緒に伴走し、担任以外の教員は、各グループのプロジェクトに対して、「ここはどうなってるの？」や「こんなことも調べたら？」などのアドバイスを行うアドバイザーとして関わりました。時には管理職の先生方にもアドバイザーとして入っていただき、学年だけでなく学校全体の取り組みとしてＰＢＬを進めることができました。教師の役割を明確にすることで、一人ひとりの教員がそれぞれの個性を発揮しながら生徒たちと一緒にＰＢＬに取り組むことができ、生徒だけでなく教員にとってもＰＢＬを価値のある取り組みにすることができました。また、ＰＢＬを効果的に進めていく上で、学年教員の連携やチームワークの大切さを改めて実感することができました。

POINT

- オリエンテーションで探究のゴールや生徒に身に付けてほしい力の共有を。
- 生徒が社会課題を自分事として捉えられる仕掛けづくりを。
- 教員のチームワークを大切にすることで、探究がより価値のある取り組みに。

立命館宇治高校との協働学習

私はＰＢＬを通して、社会課題に対してアクションを起こす力を身に付けてほしいという思いをもってカリキュラムを作成しています。しかし、ＰＢＬを実践していく中で、中学校では実際にアクションを起こす範囲が限定されていたり、そもそも時間数の確保が難しく、自分たちの行動で人に喜んでもらったり、少しでも社会をよりよくするといった経験を得るのが難しいという課題を感じていました。また、現在取り組んでいるＰＢＬが高校、大学、社会へとどのように繋がっていくのかを生徒たちにイメージをもってほしいという思いを抱えていました。そんな時、ＢＳテレビ東京の「ＴＨＥ名門校」という番組に立命館宇治高校が出演していることを知り、番組を観ました。立命館宇治高校の生徒たちは、自分たちの力で社会課題の解決に取り組み、社会をよりよくしようと取り組んでいました。番組を観た瞬間、「これだ！」と思い、私の母校であるという縁もあり、立命館宇治高校との協働学習が実現しました。立命館宇治高校３年生のプロジェクトを発表していただき、中学生のプロジェクトに対して高校生の視点からアドバイスをしていただくというものでした。

高校生のプレゼンテーションを聞いた中学生は、「高校生は課題を自分たちで見つけ、実際にアクションを起こしているところがすごいと思いました。私たちも今のアイデアをもっと深く細かく調べて、実際にアクションを起こしたいです」「高校生は実際に行動を起こしているのがすごいと思いました。3年後の自分の姿をイメージすることができました」という感想をもっていました。また、立命館宇治高校生は「斬新なアイデアが多く、よい刺激になりました。中学生の皆さんの考えは本当にユニークで応援したくなるものばかりでした。個人的には1人1台タブレットがあって、パワーポイントを駆使してプレゼンをしている中学生が羨ましくて仕方なかったです。探究学習に取り組んでいる黄檗中の皆さんには自分たちの活動に自信をもって取り組んでいってほしいです」という感想を書いてくれました。

中学生にとって、PBLを通して実際にアクションを起こすことの大切さや自分の3年後の成長をイメージすることができ、高校生にとって探究を通して身に付けた力や3年前の自分と今の自分を比較して成長を実感することができたのではないかと思います。中学生と高校生の異学年での協働学習がお互いにとって学びの多い取り組みになりました。

取り組みによる生徒の変化とこれから取り組みたいこと

3年間を通してPBLを進める中で、生徒の成長や変化をたくさん見ることができましたが、特に主体性と当事者意識の高まりが大きな変化であると実感しています。PBLに取り組む中で、授業時間だけでなく、家に帰ってからもテレビ電話で会議をしたり、スライドの相談をしていたグループがありました。また、休日に自分たちで商店街のフィールドワークに出かけ、自分たちの目で情報収集を行っているグループもありました。「中学生だからできない」ではなく、「中学生でもこれだけできるんだ！」ということを生徒たちから教えてもらいました。

また、常に課題意識をもち、「なぜこの課題があるのだろう？」「どうやったら課題を解決できるのだろう？」という課題解決意識が生徒たち一人ひとりの中に芽生えていきました。3年間、各教科や総合的な学習の時間だけでなく、様々な場面で課題解決的思考や実践を積み重ねてきた成果だと実感しています。3年間を通して、私たち教員が「こんな力を付けてほしい」「こんな生徒に育ってほしい」という願いをもち続け生徒たちと関わっていくことの大切さを、ＰＢＬを通して改めて学びました。

私は今後公立の中学校でも探究的な活動がさらに広まっていってほしいという願いをもっています。そのためには探究の手法や実践方法の研究、交流が必要不可欠です。たくさんの先生方に探究の素晴らしさや探究による生徒たちの変化を実感していただくためには、私自身が日々の教材研究はもちろん、アンテナを高く張り続け、学んでいくことが必要だと考えています。「もし私たちが生徒に昨日と同じように今日も教えるならば、私たちは子どもたちの未来を奪っているのです」、このジョン・デューイの言葉を胸に生徒たちの輝かしい未来のためにこれからも取り組んでいきたいです。

POINT

・発達の異なる異学年での協働学習は、探究とキャリアの2つの視点で効果絶大。
・教員の願いをベースに3年間探究を積み重ねれば、主体性や当事者意識が育つ。
・私たち教員が学び続けることで、生徒たちの素敵な姿に出会える。

中学校でも取り組みは進んでいる

この本の読者は高校の先生が多いかもしれませんが、中学校でも様々な取り組みが進んでいます。小西先生が書かれた「中学生でもこんなことができるんだ！」ということは多くの中学校の先生が感じ、実践されています。中学校での学習を踏まえた高校のカリキュラムづくりが今後求められます。

黄檗中に限らず中学校での指導から高校が学べることは多いです。様々な学習を繋ぐという視点は特に高校が学ぶべきことです。黄檗中でも校外学習、フィールドワーク、宇治市役所職員による講演など学年中心の行事に、体育祭や生徒総会という学校行事、さらには職場体験なども含めて様々な教育活動を繋いで実施しています。高校でもこのように学習を繋ぐという視点をもてば、生徒がより成長することは間違いありません。

このような中学校での取り組みを踏まえて各高校での実践が進んだ時に、高校だからできることも明らかになってくるでしょう。その時に日本の探究的な学びは一歩前に進むのでしょう。

学校を越えた繋がりが探究で実現する可能性がある

一歩先の世界を生徒たちに見せることは重要です。黄檗中の事例の中で、中高連携の取り組みが書かれています。高校生が自分たちのプロジェクトをプレゼンし、その後中学生のプレゼンに対して高校生がコメントなどをするというものです。この取り組みが双方にとって意味あるものになったと小西先生が書かれています。このように縦の繋がりが大事なことは言うまでもありませんが、探究学習においては、中学生と高校生が同じテーマで取り組める可能性があることも忘れてはいけません。高校生が大学生のプロジェクトに参加して大きな刺激を受けて帰ってくるということは私も経験があります。おそらく中学生と高校生、場合によっては小学生から大学生までの混合チームでのプロジェクトも可能かもしれません。

学校を越えた連携は、その必要性が認識されつつも、その実現にはいろいろなハードルがあります。もしかしたら探究において同じテーマで取り組むことがその壁を越えるきっかけになるかもしれない、黄檗中の事例はそんな可能性を示しています。（酒井）

CASE 6

教科における「探究的な学び」の実装化を目指した授業研究ワークショップ

東京学芸大学・高校探究プロジェクト　西村圭一・藤村祐子

「探究」の実装化の壁

高校教育においては、学習指導要領解説・総合的な探究の時間編の中で、「実社会や実生活における課題を探究する総合的な探究の時間と、教科の系統の中で行われる探究の両方が教育課程上にしっかりと位置付き、それぞれが充実することが豊かな教育課程の実現につながる」とされています。新課程が始まる前は各校で「探究」が話題になることは多かったようですが、教科書を見て「あまり変える必要はない」という空気感が漂い、その後は観点別評価に主役の座を奪われ気味といったところではないでしょうか。双方の探究の実装化に取り組む先生方が過負担や孤立した状態にならないように、そして生徒の在籍校による学びの質の差が拡大しないようにするために、東京学芸大学では、２０２１年４月、全国の高等学校に、各教科の探究的な学びと「総合的な探究の時間」などの教科横断の探究の双方を実装化することを目指す、「高校探究プロジェクト」を立ち上げました。

実装化に向けたアプローチ

このプロジェクトでは、教科における探究的な学びと、教科横断や総探の探究に分けてアプローチすることにしました。後者においては複数の教科等の見方・考え方を総合的・統合的に働かせることが求められており、それには前者で各教科の特質に応じた見方・考え方を働かせる探究的な学習活動を充実させることが不可欠だからです。誤解を恐れずに言えば、多くの生徒にとっては、教科の授業の大半は知識伝達型である中で、総探の時間だけ、問いをもとう、仮説を立てようと言われても、無理な話ではないでしょうか。その結果、ありきたりの問いや根拠の薄い主観的な考察、形式的な発表という結果に陥りがちです。そこで、各教科において、生徒の深い理解や見方・考え方の獲得等を目指し、探究的な学習活動を充実させるために、教師の思いや問いの明確化、授業課題の設定・検討、学習指導案の作成・検討、研究授業、事後協議・省察からなるオーセンティックな授業研究に着眼しました。探究的な学びの実現には、ＩＣＴの活用やグループ活動の取り入れ方といった、いわゆる方法論にとどまらず、一人ひとりの生徒の思考の様相に着目する授業デザイン力が鍵となります。授業研究のサイクルを繰り返すことで、参加教員が、そのような授業デザイン力はどのようにして習得・伸長できるか、そのプロセスを学ぶことを目指します。

授業研究コミュニティの創出

このような授業研究を行うコミュニティが一朝一夕にできるものではありません。高校の教員には、授業研究に対してネガティブな考えをもっている方も少なくありません。そこで、本プロジェクトでは、コミュニティの創出・拡大のためのモデル開発に取り組んでいます。

第一に、教委主導・公開型（北海道教育庁高校教育課）です。具体的には、指導主事と授業者を含む６～８名でチームを編成し、授業課題設定・検討、学習指導案作成・検討を行い、その研究授業と事後協議はハイブリッドで一般公開するものです。

第二に、ボトムアップ型（長崎県文理探究科連絡協議会／滋賀県高等学校理科教育研究会・化学部会／湘南白百合学園・恵泉女学園・鷗友学園女子数学科）です。これは、いくつかの学校が連携し、教科別のチームを編成し、一連の授業研究を定期的に実施していくものです。長崎県は、文理探究科を開設する５つの学校が連携して教科別チームを編成し、県全体への普及を目指してボトムアップ的に取り組んでいます。また、湘南白百合学園数学科はプロジェクトの開始前から授業研究に取り組んでいました。23年度、他の私学２校から一緒に取り組みたいという要望があり、３校での取り組みに発展しています。

第三に、授業研究のリーダー養成モデル（大分県教育庁高校教育課）で、指導教諭等でチームを編成し、一連の授業研究を実施し、探究的な学びの授業デザイン力とともに、コミュニティをリードする指導者としてのスキルの習得を図るものです。

POINT

- 探究的な学びの実現には、生徒の思考の様相に着目する授業デザイン力が鍵。
- 授業研究を通して、探究的な学びのための授業デザイン力を育む。

教育委員会や指導主事の役割と学び

探究的な学びの実践コミュニティの創出に向けては、教育委員会や指導主事の果たす役割が大きいです。例えば、北海道の取り組みでは、夏以降3～4回（月1回程度）、オンラインで授業課題や学習指導案の検討会を開催し、11～12月に研究授業を実施しています。これらの検討や研究授業後の協議をファシリテートすることが指導主事の役割です。「司会者」ではないので、「どう思いますか」と尋ねるだけでは不十分です。他方で、参加教員の中には「答え」を言ってくれるのを待つ人もいますので、自分の考えを蕩々と話していては参加教員の成長を阻害することになってしまいます。本プロジェクトの委員（教科教育研究者）が、指導主事をスーパーバイズしたり、一緒に省察したりしています。

数学チームの指導主事は、研究授業を終えて、「授業者の先生に、『目標を立ててください』『生徒の反応を予想してください』と口では言いつつも、結局、自分自身が、題材にだけ着目していたり、目標に対応した題材かといった視点で見ていなかったりしたことに気づき、自分自身の学びも大きかった」と振り返られ、「多くの指導主事が同じ経験をして、授業研究の取り組みをどんどん拡げていくことで、先生方の授業デザイン力の向上に繋がり、生徒たちに還元できるものが多くなる」と今後を見据えて話されました。

大分では、県教委主催の「指導教諭をリーダーとしたチームによる授業改善の推進事業」と連動させて展開しています。プロジェクト委員とともに授業研究に取り組む中で、指導主事と指導教諭も探究的な学びの授業デザインや授業研究そのものについて学んでいます。1年次に参加されたある指導教諭は、翌年度の第1回検討会で、「昨年度当初は探究的な学びに関するイメージが共有できていなかったが、メンバー全員が受け身ではなく、意見を出し合うことで授業を創り上げることができた。今思えば、チームで授業を検討していく過程が探究だったと思う。生徒にどういった力を身に付けてほしいのかを考え、生徒の目が生き生きと輝くような単元や授業の構想ができたらいいのではないか」と話され、学びが引き継がれていきます。

両教委は、これらの取り組みをもとに、「授業研究ツールキット」を制作しています。新たに授業研究を始める際に、その目線合わせやスタート地点を前進させることを意図したもので、一連の授業研究のポイントや探究的な授業を組み立てるために必要な視点を提供するものです。本プロジェクトが制作したツールキットとともに、Webページ上に掲

載しています。(https://g-tanq.jp/)

現場発信のボトムアップ型の取り組みでは

21年度末、23年度に文理探究科を開設する長崎県立高校の校長から、「文理探究科を設立するにあたり、教科の授業を探究化する必要があると感じている。力を貸してほしい」と一本の電話が入りました。そこで、文理探究科を新設する5校で設置された「長崎県文理探究科連絡協議会」と連携して、授業研究に取り組むことになりました。この協議会の事務局が中心となり、授業研究に取り組みたい教科を募り、教科ごとに複数校の教員から成るチームを編成しました。

取り組み当初は、現場の多忙感や負担感から、プロジェクトの想いは理想論ではないかといった声もありましたが、研究授業に向けて、授業者の想いや生徒の姿をもとに協議を重ねるにつれ、そのような声は消え、チームリーダーが協議の質が高くなったことを実感できるほどになりました。また、研究授業校では、教科会でも授業について協議する時間が増えたという教科もありました。研究授業後の協議会では、「探究的な学びの実現に向けては、生徒の実態を把握することが一番重要で、生徒にどのように考えてもらえるか、何を伝えたいかをしっかり考えてから教材を選定することが大切だと気づいた」と話されるリーダーもいました。ボトムアップでコミュニティが形成され、その中で相互に学びが生起していく様相が見られました。

2年次は、1年次に研究授業を実践した教員がリーダーとなり、他校からメンバーを募ってチームを構成したり、5校以外にも呼びかけたりする教科もありました。さらに、一連の取り組みを見た指導主事からは、「指導案検討会の様子を、初任者研修などの一環として、参観する機会をつくりたい」という声も上がっています。現場発信の取り組みに教育委員会が関わっていく、まさにボトムアップでのコミュニティの拡大の姿です。

POINT

- 授業研究のプロセスそのものが、教員にとっての探究。
- 授業研究を通した探究的な学びの実践コミュニティの創出・拡大。

総合的な探究の時間と教科での探究は車の両輪である

東京学芸大学の事例は、大学がハブとなることで、高校現場はもちろん教育委員会にまで好影響を与えるという点で貴重な事例です。ここで忘れてはいけないのは、東京学芸大学の「高校探究プロジェクト」は、各教科の探究的な学びと「総合的な探究の時間」などの教科横断の探究の双方を実装化することを目指していることです。ここ数年の高校現場では、総合的な探究の時間をどう運用するのかということは話題になっていますが、教科においては、授業をどうするのかではなく、観点別評価にばかり注目が集まっているように思うことがあります。教員養成大で、教科教育に強い東京学芸大学が、このような形で高校探究プロジェクトを進められることの意義は大きいと思います。各教科で教科の特質に応じた見方・考え方を働かせる探究的な学習活動を充実させることと、総合的な探究の時間で複数の教科等の見方・考え方を総合的・統合的に働かせることは車の両輪で、どちらも充実することが、豊かな教育課程の実現に繋がります。東京学芸大学の事例を通じてこのことを改めて確認したいと思います。

教育委員会もチームとなって、それぞれの専門性を磨く

高校探究プロジェクトの事例は、教育委員会や指導主事の果たす役割が大きいことにも気づかせてくれます。教育委員会主導型、現場からのボトムアップ型と様々な取り組みがありますが、共通していることは教育委員会の方もメンバーとしてともに学んでおられることです。探究的な取り組みを進めるにあたってチームが必要というのはこの本のテーマですが、高校探究プロジェクトでのチームは、学校の教員・教育委員会の方・大学の先生と多様です。大学主導で教育委員会も一緒に高校現場と取り組みを進めるということは、必然的に構成メンバーが多様になります。この多様性がプロジェクトの充実した取り組みに繋がっていることは間違いありません。

高校探究プロジェクトはまだ始まったばかりですが、この取り組みをきっかけとして創出されたコミュニティがこれからどのように拡大し、各学校で豊かな学びが実現するのか楽しみです。また本事例は大学のもつ可能性を明らかにした点でも、大変意義あるプロジェクトです。（酒井）

巻末座談会◯

探究を通じた「変化」を語り合う

本シリーズの前作である、２０２３年2月に刊行された『探究的な学びデザイン』。

同書でも執筆にご協力をいただき、現在も各校でご活躍されている8名の先生方にお集まりいただきました。

探究を通した学校や生徒の変化をもとに、なぜ探究が必要なのか、探究がもつ可能性とこれからの課題は何かなど、様々にお話を伺いました。

○ 座談会参加者一覧 ○

酒井　淳平（立命館宇治中学校・高等学校）
鈴木　紗季（岩手県立大船渡高等学校）
菅野　祐太（岩手県高校魅力化プロデューサー）
植野恵理奈（大阪高等学校）
恩田　徹（大阪高等学校（元京都市立堀川高等学校校長））
田中　愛子（大阪府立東高等学校）
稲垣　桃子（立命館宇治中学校・高等学校）
佐々木遥子（宮城県仙台第三高等学校）
菊井　雅志（京都府宇治市立広野中学校）

なぜ探究なのか～自分の経験を踏まえて～

酒井：お集まりいただきありがとうございます。今日は、前著『探究的な学びデザイン』の事例を執筆したメンバーで、①探究による変化（ご自身・学校全体）、②なぜ探究的な学びを進めた方がいいと思うのか、あたりを中心に対話できたらと思っています。探究は新学習指導要領が始まりブームのようになっています。各学校で大学受験との兼ね合い、教員の温度差、カリキュラム構築などに苦労しながら進めているのが実情で、学校による差も広がっていいます。そんな状況だからこそ、このメンバーで「自分はなぜ探究的な学びを進めた方がいいと思うのか」を共有することが大切だと思っています。よろしくお願いします。

菊井：自分は、中学校でPBLも含めて探究ということを前面に出さずに、探究的な学びを進めています。取り組みが継続されることで確実に学校も教員も変わってきました。例えば今年度中1の先生は、卒業までを見通して探究の計画を立てていますね。そんな様子を見ながら、「涵養される能力」というところにやっと注目が集まってきたのかと思っています。

佐々木：仙台三高では、SSH、ユネスコスクールなど、いろんなことをいろんな先生が取り組んでいます。生徒たちの興味関心を伸ばすことで、生徒は大学で学びたいことや、社会でやりたいことをもつようになる。その点で探究的な学びはやはり重要だと思います。また自分自身仙台三高に赴任して、教科〝を〟教えるのではなく、教科〝で〟教えるというように、教材研究の視点が変わってきたように感じています。

田中：私も、生徒たちが考える訓練をするには探究的な学びが一番いいと思います。また、教員も探究的な学びを取り入れず、ずっと同じような授業をしていると、マンネリ化して授業が楽しくなくなるのではないかとも思ってしまう。自分は生徒たちと世界史の学びを深めたいと思った時に、講義型だけでは無理で、探究的な学びという視点が必要でした。また、探究というみんながはじめてやるようなもので、みんなで何をするのかを考えながら、本音をぶつけ合って取り組むというのは、チームづくりという点では有効だと思います。学校で、探究という言葉を共通言語としていろいろな教育活動を考えるようになってきているというのは、小さいようで大きな変化ではないかと感じています。

恩田：振り返ると堀川で探究という言葉を使い始めてから25年経ちました。学習指導要領を超えていかなければいけない。失敗してもいい。皆さんにはぜひトライしてほしいです。自分は社会科の教員として、40年以上前にグローバル・シミュレーション・ゲーミングに取り組んだが定着しませんでした。探究的に世界を見ていこうという考え方がその時あれば、教材づくりができたとも思います。総合が登場した時から、「総合で身に付けさせたい力は学校の教育目標に他ならないから、学校で総合に取り組むということは、学校そのものを探究的にすることだ」という思いがありました。探究について大事なことは2つだと私は思います。1つはレディネス。レディネスには2つあって、1つ目はキャリアレディネス。これは生徒と社会を繋ぎ、社会で力強く生きるために大切な力を育てるという視点。もう1つはアカデミックなレディネス。これは研究を進める際に大切な力。それぞれの学校の教育目標によってどちらに重きを置くかは変わります。ただ大事なことは、探究を通して、生徒たちがレディネスを身に付けるということ。行きたい大学に行くという機運ができる。合格がゴールではなく合格はスタートという方向に学校が舵を切れました。

2つ目は生き方。探究的な取り組み自体が目的になっている学校は多いです。でもそれは手段であって、大事なのは探究的な生き方。賞を取るなどの実績も無視できないことかもしれないけど、探究的な活動を通して育てる力は生徒の生き方に繋がるはずです。

また学校にとって探究に取り組むことによる変化は大きく3つあります。1つ目は教員としての問いの生成など指導力の質の向上。2つ目はカリキュラムの質の向上。3つ目がマネジメントの質の向上。2つ目と3つ目は特に管理職になって痛感したものです。

鈴木：私は、大槌高校に8年いて学校が変化する様子を見てきました。特に大きな変化は生徒たちが興味関心とか、なぜと思うことから、意見を堂々と言えたり、やりたいと思うことをやれたりできるようになったこと。教えることが主軸で一方的な教育活動が、徐々に双方向に学び合うような関係になって、それは学びの原点のように感じてます。探究活動は生徒たちだけでなく、そこに対峙する大人にとっても大事なこと。自分自身教科書の素材を使って答えのないことを一緒に考えられたらいいなあと思うようになりました。今まで出てこなかった生徒たちの考えが聞けたり、自由な発想に付加する形で考えたりすることで授業に深みが出たし、教育に関する価値観が変わったとも思います。また最近はその学校の生徒たちにとっての探究の在り方も考える必要があると思うようになりました。探究をどのように生かしていくのかは、生徒たちを見て考えていく必要がありますね。受験というフィルターがかかると探究が止まりがちだと思う時があるのも事実。でも探究は学びの原点。日本全体で探究的な授業や探究的な部活など、探究的な学びが進めばいいなと思っています。

植野：自分は探究コースがスタートした時に大阪高校に着任しました。大阪高校の探究コースでは、授業で答えがないような問いについてひたすら語り合うような授業が多く、上級生になるとゼミに分かれて小人数での指導になる。そこでは一人ひとりの興味関心に合わせて対話する時間を大切にして運営していました。ただ、それは探究コースだからというより、大阪高校でずっと大切にしてきたことでした。「探究」という言葉が入ってきたことによって、そういう活動に焦点が当たるようになりました。大きく変化したというよりは、今まで大切にしてきたことに焦点が当たり、それをみんなで大切にしていこうというようになってきたように感じます。自分自身教員としてはじめに勤務したのは堀川高校で、恩田先生が校長でした。新卒だったので技術的なことを教わろうとしたが、教わったのはマインドの部分だったなと思います。探究活動においては、生徒とコミュニケーションを取る時も、教員同士でも、「思いの部分」をシェアしないと進みません。聞き合える風土ができていくところに探究の価値があります。思いが共感できれば To Do は何でもいいんだなって思います。

稲垣：「探究」ということばを国語の授業に取り込んで、そこで関係をつくった生徒は、聞いたことを鵜呑みにするのでなく自分の意見をもてます。学校は高校生に大人だからと言いつつ、子どもであることを要求しているように感じることがあって、でも探究という考え方やマインドを学ぶことで、生徒と教員が共闘者になるという感覚をここ数年もつようになりました。

酒井：私はキャリア教育に取り組んできました。生徒が自分でしたいことを見つけ、深めることのサポートは、学校でこそできることで、それは探究・キャリア教育だろうと思うんです。探究と同時にキャリア教育を充実させたいという思いはあります。高校生は大学に行くなら学部を決める必要があり、就職や専門学校などの場合は自分の専門や就職先を決めます。どんな進路に進むにしても、「自分は何がしたいか」という問いが大事。その点でも高校でこそ探究は大事ではないかと思います。また高校生は自分のテーマで社会と繋がっていける。生徒が自分のテーマに近いことに取り組んでいる大人の方と繋がる場面は数多く見てきました。それがきっかけで生徒は大きく成長する。高校生が社会や大人と繋がることはすごく大事だし、そんな中でこっちの予想を超えて成長する生徒も多いですよね。そんな場面が見られると、教員として何よりうれしいなと感じます。

稲垣：私は、探究はすごく大事だと思う一方で知識とのバランスは難しいと感じることもあります。探究に積極的ではない先生もいて、軋轢ができてきているように感じることもあります。自分は授業の中に探究的な要素を入れるとやりやすくなりました。ケースバイケースで考えていけばいいと思うけど、教員の方が柔軟に考えられてないのかもしれないと感じています。

菊井：私たちは今の社会状況やニーズを考えた時に、探究が必要だろうと思うからやっている。一方で、探究がいいものかどうかはわからないという思いもどこかでもっておくことが大事だと思います。探究が絶対正しい、探究がすべてのようになると違うかなと感じます。将来もっといいものが出てきた時は、そっちを取り入れるだろうし。また、探究が必要な場面と、知識の習得が必要な場面はあると思います。そこを生徒たちが理解できるか、理解できるようなサポートを教師ができるかどうかが大事なのではないかなあ。難しいけど。

菅野：話を聞きながら、本当に探究が高校教育で進んでいくのか？というお題は、「学校という教職員共同体はどのように新しいものを受け入れていくのか↓組織論」と「探究的な学びはどのように実現するのか→教育論」の2つの視点があるのだと感じています。

探究と授業改善

菊井：授業について、小学校や中学校は高校に比べるとめあてや課題をはっきり出し、授業の最後にそれを回収しているように感じます。高校はそのようになっていない授業が比較的多いかもしれません。探究と大きくいうより、授業改善として取り組むのは取り組みを進める糸口になるのではないでしょうか。

田中：大阪では授業において、めあてや課題を提示することが教師の授業評価の1項目になっていて、だいぶそうするようにしてきています。ただ、はじめにめあてを言って、後はずっと講義という授業はまだまだ多いですね。問いから始める、課題解決型にするなどすれば、もう少し変化があるんじゃないかなと思います。

佐々木：国語は同じ教材を使っても先生によって生徒に言うことが違ったりします。仙台三高に赴任していいなと思ったのは授業のつくり方。単元ごとに授業担当者をつくっている。担当者はプランを提示し、国語としての目標と、汎用的スキルとしての目標を担当者間の共通理解として、その上で1時間目は〇〇をするという各時間のたたき台をつくります。たたき台をブラッシュアップしていきますが、これは教員の目線合わせになり、生徒にとっては何をできるようになったのかがわかりやすいのです。過去の授業プランも参考にしながら授業を考えていますし、同時に毎月定例の職員会議を30分に短縮し、余った時間を研修にあてているのも特徴的な取り組みかもしれません。研修のテーマは「SSHで本校は何を目指すのか」「評価について」などです。こういう場を利用して先生たちは授業改善などをしています。ちなみに職員会議がこのようになったのは2022年度からで、研修は授業づくり研究センターが企画しているものです。

探究をキーワードにして変わっていく学校

恩田：何事も最初に踏み出すのは冒険。でも外部に対して発信し、素朴な意見含めて批判を仰ごうという取り組みは大事です。自分たちの中だけで議論していると改善はできるけど、大きく変えるのは難しい。意見をもらい、そこからさらに前に進める勇気が学校には必要になります。新しいことをしようとする時に、管理職は何をやめるのかを決めることが重要。賛否あってもやめることを決めて、すき間をつくらないと前に進めません。研究大会など外部へ発信することは、しんどいけど、自己革新のためには必要だと思います。

鈴木：保護者の方から高校に入った途端何をしてるのかわからないと言われることがあります。発信してるつもりでもなかなか届かない。いろんな方に学校に入ってもらうことで、町全体で、大人も子どもも一緒に育っていこうという雰囲気になってきました。地域の方からも高校が見えたという意見を多くもらっています。教員が地域に出ていくのも大切。探究で教員も外に出るようになり、地域の方が学校に目を向けてくださり、協力してくださると、授業も変えないといけないという思いになります。これは大槌高校の大きな特徴だと思います。

菊井：私は中学校に勤めていますが、高校はいろいろなことをされていると思うと同時に、もがいている部分も感じます。また自分自身が事情あって専門外の教科を担当した時に感じたのですが、探究的な学びを進めていく際に教員としての教科の専門性を研ぎ澄ますのも基礎条件にはなってくると思います。忙しさに押しつぶされて、そこに時間を割けない先生も多いと思うので、中堅以降のサポート含めて、今後の学校の課題になりそうですね。

恩田：私は小学校や中学校はよくやっておられると感じてますよ。高校こそ変わるべきだと思っています。受験対策が言い訳になって、レールに乗せて他人事のようなPBLや取り組みが目的化するようなカリキュラムが目立ちます。実際に新学習指導要領でも高校改革が重視されています。菊井先生にはぜひ生徒たちに、高校の探究の中身も吟味するよう支援してほしいです。探究についていえば、小学校や中学校ではきっちりした調べ学習が大事なのではないでしょうか。それを受けて高校で調べ学習で終わらない探究をすることができればと思うのです。

菊井：中学でも中3になると受験になってしまう面はありますね。進路保障は必要なんですが、進路という名のもとに積み上げてきたことを、ちょっと置いといて勉強しよか、になっている面があります。そこは中学校も反省すべき点かもしれないですね。

酒井：話を聞いていると、高校こそ変わるべきというのはわかる気もします。授業研究についても高校が小学校や中学校に学ぶべき点はあると思います。一方で高校だからこそ教員の専門性が深いというのは強みですよね。だからこそ、専門性を本当に研ぎ澄ませているのかということが突き付けられているように思います。一人の生徒がいろんな学校を経験して成長していく。探究という言葉を共通言語にして、よりよい学校間連携もつくっていけるのかもしれないと思いました。

田中：菊井先生の話を聞きながら、生徒が探究的な学びを必要と思っているのだろうかという思いをずっともっています。とにかく覚えて吐き出して乗り切ってきた生徒たちが急に方向転換を迫られて固まるというケースはよくあるので。普通の授業で探究的なことをしないでほしいという意見もあります。探究的なことをしてよかったと生徒が思える仕掛けが必要だろうな、今後の課題ですね。

恩田：これからの社会という視点は忘れてはいけないと思いますよ。探究は、クイズ王を目指すのとは違うんです。社会や学術の課題の探究を通して大きく膨らませることは大切なのではないでしょうか。

酒井：皆さん、ありがとうございました。対談する中で「なぜ探究なのか」「探究の可能性とこれからの課題」などが少しクリアになった気がします。お互い実践し続けて、また再会しましょう。

【執筆者一覧】

酒井　淳平（立命館宇治中学校・高等学校）
梨子田　喬（西大和学園中学校・高等学校）
佐々木克敬（東北工業大学）
和田美千代（福岡大学）
舟越　裕（長崎県立松浦高等学校）
林　裕文（福島県立ふたば未来学園中学校・高等学校）
辻本　義広（追手門学院中学校・高等学校）
前川　哲哉（立命館宇治中学校・高等学校）
吉留　一貴（立命館宇治中学校・高等学校）
太刀川祥平（聖ドミニコ学園中学高等学校）
小西　悠佑（京都府宇治市立黄檗中学校（宇治黄檗学園））
西村　圭一（東京学芸大学）
藤村　祐子（東京学芸大学）
菅野　祐太（岩手県高校魅力化プロデューサー）
鈴木　紗季（岩手県立大船渡高等学校）
木村　優（福井大学）
小西　直樹（三井住友信託銀行）
小村　俊平（ベネッセ教育総合研究所）

【編著者紹介】

酒井　淳平（さかい　じゅんぺい）

立命館宇治中学校・高等学校　数学科教諭。
文部科学省国立教育政策研究所「『指導と評価の一体化』のための学習評価に関する参考資料　高等学校特別活動」評価規準、評価方法等の工夫改善に関する調査研究協力者。

梨子田　喬（なしだ　たかし）

西大和学園中学校・高等学校　地歴・公民科教諭。
岩手県立大船渡高等学校教諭、同県立盛岡第一高等学校教諭、岩手県教育委員会などを経て現職。共著に、『歴史総合の授業と評価』（清水書院）などがある。

高等学校　探究が進む学校のつくり方
探究学習を学校全体で支えるために

2024年2月初版第1刷刊　Ⓒ編著者　酒井淳平
梨子田喬
発行者　藤原光政
発行所　明治図書出版株式会社
http://www.meijitosho.co.jp
(企画)新井皓士(校正)山根多恵・大内奈々子
〒114-0023　東京都北区滝野川7-46-1
振替00160-5-151318　電話03(5907)6701
ご注文窓口　電話03(5907)6668

＊検印省略　組版所　日本ハイコム株式会社

Printed in Japan　ISBN978-4-18-211829-6